作って仕込んでパパッと完了！

ずっとラクする

出淳子

ごはんのしくみ

主婦の友社

Contents

6 毎日のごはん作りの悩み —— 平日編

8 毎日のごはん作りの悩み —— 休日編

10 かんたんクイックレシピ

12 らくちんストックレシピ／「クイック&ストック」のしくみはこれ！

14 「クイック&ストック」のしくみで1週間シミュレーション

この本の見方

1章 肉・魚のおかず クイック&ストックレシピ

鶏もも肉

18 クイック 鶏肉とじゃがいものアーリオオーリオ

19 クイック 鶏肉のクリームコーン煮

20 ストック 鶏もも肉のはちみつみそ漬け

21 アレンジ❶ 鶏肉のみそ蒸し

アレンジ❷ 鶏肉のはちみつみそグリル

鶏むね肉

22 クイック 鶏肉のカレー南蛮漬け

23 クイック シンガポールライス

24 ストック 鶏むね肉の塩ヨーグルトマリネ

25 アレンジ❶ タンドリーチキン

アレンジ❷ ヨーグルトチキンと豆のサラダ

鶏ひき肉

26 クイック 鶏ひき肉とにんじんのチャプチェ

27 クイック ガパオライス

28 ストック 鶏ひき肉だね

29 アレンジ❶ クイックナゲット

豚薄切り肉

30 クイック 豚キムチ

31 クイック 豚丼

32 ストック 豚薄切り肉の塩にんにくマリネ

33 アレンジ❶ 豚肉のイタリアンソテー

アレンジ❷ サムギョプサル

豚ひき肉

34 クイック スパイシーソーセージ

35 クイック 豚ひき肉となすのカレー

36 ストック 豚ひきの肉みそ

37 アレンジ❶ 油揚げの肉みそピザ

アレンジ❷ 担担めん

豚厚切り肉

38 クイック スピード酢豚

39 ストック 豚厚切り肉のハニーマスタード漬け

アレンジ 豚肉ときのこのクリーム煮

牛こまぎれ肉

40 クイック トマトすき焼き

41 ストック 牛こまぎれ肉の焼き肉だれ漬け

アレンジ プルコギ

合いびき肉

42 クイック ごちそうミートソースペンネ

43 ストック 合いびき肉だね

アレンジ 巻かないロールキャベツ

鮭

44 クイック 鮭のレンジ紙包み蒸し

45 クイック サーモンポテトグラタン

アレンジ❷ ワンタンスープ

さけ

47 46
ストック　鮭のレモンオイル漬け
アレンジ❶　鮭とズッキーニのソテー
アレンジ❷　蒸しサーモンの冷製サラダ

さば

49 48
ストック　さばのみそ漬け
クイック　さばと長いものガーリックオイル焼き
アレンジ　さばのごまみそ煮

ぶり

51 50
ストック　ぶりの韓国風みそだれ漬け
クイック　ぶりとピーマンのオイスターソースいため
アレンジ　韓国風ぶり大根

えび・いか

55 54 53 52
ストック　えび・いかの塩オイル漬け
クイック　ゆでいかとセロリのすし酢あえ
クイック　えびチリ
アレンジ❶　えびとブロッコリーの塩オイルいため
アレンジ❷　えびといかのドレッシング煮

2章　野菜のおかず　クイック＆ストックレシピ

じゃがいも

62 61 60
ストック　皮つきポテトのレンジ蒸し
クイック　じゃがいものサブジ風
クイック　おろしじゃがいものスープ
バジルポテサラ

63
アレンジ❶　ポテトのたらこマヨ
アレンジ❷　ジャーマンポテト

にんじん

67 66 65 64
ストック　キャロットラペ
クイック　にんじんの粒マスタードいため
クイック　にんじんのオイル蒸し焼き
アレンジ❶　にんじんと刻みナッツの白あえ
アレンジ❷　にんじんとフルーツのマリネサラダ

玉ねぎ

71 70 69 68
ストック　玉ねぎのドレッシングマリネ
クイック　玉ねぎとベーコンのスープ煮
クイック　玉ねぎステーキ　バターポン酢
アレンジ❶　ハムとアボカドのフレッシュオニオンソース
アレンジ❷　カリカリ厚揚げの玉ねぎだれあえ

トマト

75 74 73 72
ストック　冷凍塩トマト
クイック　トマトサルサの冷やややっこ
クイック　トマトとわかめのナムル
アレンジ❶　ソパ・デ・アホ
アレンジ❷　トマトとレタスの中華風いため

なす

79 78 77 76
ストック　なすのレンジ蒸し
クイック　なすとみょうがのおかかあえ
クイック　なすのめんつゆ煮
アレンジ❶　なすのギリシャ風マリネ
アレンジ❷　なすの四川風

Contents もくじ

小松菜

- 80 クイック 小松菜とベーコンのホットサラダ
- 81 クイック 小松菜とザーサイのいため物
- 82 ストック 冷凍小松菜
- 83 アレンジ❶ 小松菜の煮びたし
- アレンジ❷ 小松菜の中華風スープ

キャベツ

- 84 クイック キャベツとあさりのさっと煮
- 85 クイック せん切りキャベツのごまかつおだれ
- 86 ストック キャベツの塩もみ
- 87 アレンジ❶ キャベツとソーセージのクイックシュークルート
- アレンジ❷ コールスロー

かぼちゃ

- 88 クイック バターしょうゆかぼちゃ
- 89 クイック かぼちゃのクイックポタージュ
- 90 ストック レンジ蒸しかぼちゃのマッシュ
- 91 アレンジ❶ かぼちゃのカレーマヨネーズサラダ
- アレンジ❷ かぼちゃのピザ焼き

ブロッコリー

- 92 クイック ブロッコリーとアボカドのいため物
- 93 クイック ブロッコリーのくたくたスープ煮
- 94 ストック 冷凍ブロッコリー
- 95 アレンジ❶ ブロッコリーとアンチョビーのスクランブルエッグ
- アレンジ❷ ブロッコリーのリゾット

大根

- 96 クイック 大根とほたてのゆずこしょうドレッシング
- 97 クイック 大根のそぼろ煮
- 98 ストック 大根の塩もみ
- 99 アレンジ❶ 大根の梅しそオイルあえ
- アレンジ❷ 大根のカクテキ風

白菜

- 100 クイック 白菜とじゃこのみそマヨサラダ
- 101 クイック 白菜と豚バラの重ね煮
- 102 ストック 白菜の塩もみ
- 103 アレンジ❶ 白菜のミルクスープ
- アレンジ❷ ラーパーツァイ

パプリカ

- 104 クイック パプリカとひじきのきんぴら
- 105 ストック パプリカのピクルス
- 106 アレンジ パプリカと豚肉のさっぱりいため

きゅうり

- 106 クイック たたききゅうりのピリ辛ごまだれ
- 107 ストック きゅうりの塩もみ
- アレンジ きゅうりとザーサイのあえ物

もやし

- 108 クイック もやしとひき肉のとろみいため
- 109 ストック もやしのすし酢漬け
- アレンジ もやしの生春巻き

きのこ

- 110 クイック しいたけのベーコンパン粉焼き
- 111 ストック きのこのめんつゆ漬け
- アレンジ きのこ納豆

3章

1品完結で満足！パパッと作れるお疲れさまレシピ

ごはん物

114　クイック牛丼
　　　卵ととうふのふわふわ丼
115　なめこ雑炊
　　　ささ身とレタスの中華あんかけごはん
116　ナポリタンライス
　　　えびとマッシュルームのピラフ風
117　クラムチャウダードリア
　　　納豆キムチチャーハン

めん類

118　さば缶のトマトパスタ
　　　カルボナーラ
119　かま玉明太うどん
　　　焼きうどん
120　にらあえめん
　　　塩ラーメンのちゃんぽん風

スープ

121　シェントウジャン
　　　サンラータン
122　チキンと玉ねぎのトマトスープ
　　　豚肉とキャベツのカレースープ
123　きのこのデミグラスシチュー
　　　ごろごろ鶏肉とかぼちゃのみそ汁

軽めのおかず

124　とうふのかにかまきのこあんかけ
　　　具だくさん湯どうふ
125　にんじんとねぎのチヂミ
　　　しらたきと豚こまのさんしょう煮

コラム

16　作る前に用意したい クイック＆ストック 基本の道具
56　刺し身を使ったスーパークイックメニュー
58　ほかにも使える！ストック用漬けだれ
112　じつは作れる！手作り合わせ調味料

126　材料別さくいん

【この本のレシピの見方】

・材料は2人分が基本ですが、作りやすい分量で表示してあるものもあります。

・野菜類は特に表記がない場合、洗う、皮をむく、根元を切る、へたや種をとるなどの作業をすませてからの手順を説明しています。

・調理時間は、下ごしらえから調理が終了するまでにかかるおよその時間です。ただし、水にさらす、水でもどす、冷ます、漬け込む、炊飯する、めんをゆでる、オーブンの加熱などの時間は含まれていない場合があります。

・だしは、こぶや削り節でとったものを使用しています。市販の和風だしのもとを使用する場合は、パッケージの表示どおりに使い、味をみてかげんしてください。

・調味料は特に指定がない場合、しょうゆは濃口しょうゆ、小麦粉は薄力粉、砂糖は上白糖を使用しています。

・はちみつを使った料理は、1歳未満のお子さんに食べさせないように気をつけてください。

【調理道具と計量について】

・計量単位は小さじ1＝5mℓ、大さじ1＝15mℓ、1カップ＝200mℓ、米1カップ＝180mℓです。

・フライパンは原則としてフッ素樹脂加工のものを使用しています。

・電子レンジは600Wの場合の目安です。500Wの場合は加熱時間を1.2倍にしてください。オーブントースターの加熱時間は1000Wの場合の目安です。機種によって加熱時間には多少差があります。様子を見てかげんしてください。

・オーブン、オーブントースターは取扱説明書を読んで正しくお使いください。

平日は時間がないし、疲れてしまって…
あわただしい夕飯作りがしんどい！

おうちごはん作り歴30年の料理研究家
上田淳子です。
夕飯作り、ずいぶんつらそうですね

料理研究家
上田淳子先生

双子の男子を育てながら、仕事に家事に奮闘した
自身の経験が生きた、作る人の負担が少ない料理
には定評があります。本書にも、おいしいごはん作
りをラクに続けられるコツやアイディアがたっぷり！

そうなんです（涙）。 **仕事から帰宅するとぐったり。
これからごはんを作るのか、と思うとつらすぎて…**

急いで帰って、すぐ作って、毎晩あわただしいですよね。
しかも、**ただ「料理を作る」だけじゃなくて
その前後にやることがいろいろあるし…**

ですよね。献立を考えて、材料を買いそろえて、
食べたあとの片づけもあるし…。
毎日、夜になると**またごはんを作らなきゃって泣きたくなる**（笑）

ごはん作りは、今日も明日もあさっても
ずっと続くからこそその大変さ、むずかしさもありますね。

続けやすいのは、**材料がシンプルで
調理時間が短いレシピ**です

ああ、それならできるかも

さらに、肉や魚に下味をつけたり、野菜を塩でもんだり、
ゆるく仕込んだストック食材が冷蔵室や冷凍室にあれば
心強くありませんか？

これが知りたい ！
どんな日も料理を続けられる
「持続可能」なレシピ

たしかにイチから作らなくてすむなら気がラクだな〜

平日の夕飯を乗りきれる クイックレシピ＋ゆるストック活用レシピ

1 クイックレシピ

少ない材料で5〜15分の時短調理でパッとで
きて、おいしいレシピ。遅く帰った日、疲れた日
の夕飯にぴったり！

2 ゆるストック活用レシピ

肉や魚に下味をつけたり、野菜を切って塩でもん
だり、軽く仕込んだ食材のストック。イチから準備
せずにすみ、メニューにも迷わず、料理がラクに！

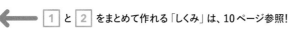

1 と 2 をまとめて作れる「しくみ」は、10ページ参照！

休日にまとめて作りおきがプレッシャー！
大量ストックの食べ疲れもストレスに…

Dさんのお悩み

せっかく作りおきしても
平日に食べきれず余ってしまって…。
計画どおりに食べるって
意外にむずかしいですね

これが知りたい ！
食べきれるストック方法

効率的なはずが、ムダになって
かえってストレスになるって
「作りおきあるある」ですね（笑）

食べきらないと!って
プレッシャーにならない作りおき、
どうすればいいですか？

1〜2回で使いきれる分量だけ
ストックしてみては？

少量なら、同じものを食べ続けて
味に飽きちゃうなんてことも
なくていいですね!

Cさんのお悩み

毎日のごはん作りが大変だから
「休日にまとめて作りおき」に
チャレンジしてみました

がんばりましたね〜!
どうでしたか？

作りおきだけで
時間がつぶれてしまい、
お出かけも趣味もできず
残念な休みになりました…。
続けられていません（涙）

これが知りたい ！
ふだんから簡単にできるストック方法

平日の夕飯作りのとき
同じ食材で作ると
ラクにストックできます

食材の下ごしらえや
下味つけ程度だからパッとできるんです

平日に仕込める！ 食べきれる!!「ゆるストック」のメリット

**1 平日の
夕飯作りのときに
まとめて
同じ食材で仕込む**

平日の夕飯作りと無理なく同時進行
できるので、休日にまとめてストック
を作る必要はなし。

**2 下ごしらえ程度に
軽く仕込むだけ。
料理のアレンジが
きく!**

仕上げまで終えた作りおきとは違い、
気分に合わせてさまざまなメニューに
活用できる。

**3 使いきりできる
少量のストックで
飽きずに
食べきれる**

1〜2回使いきりで、なくなったらすぐ
に作れる分量。同じものを食べ続ける
ストレスもなし。

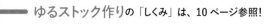

ゆるストック作りの「しくみ」は、10ページ参照!

かんたんクイックレシピ
らくちんストックレシピ
の「しくみ」はこれ！

時短の「かんたんクイックレシピ」を作りながら、「らくちんストックレシピ」を仕込むしくみをご紹介。これなら夕飯作りが無理なく続きます！

・帰宅後、短時間でラクに作れる夕飯メニュー

・時短でもおいしくできるコツが満載

・その日に作るから、食材の新鮮さを味わえる！

その日に食べる
＝
かんたんクイックレシピ

半量は夕飯に

1章　鶏ひき肉とにんじんの
チャプチェ（p.26）

1章　ガパオライス（p.27）

「肉・魚」＋「野菜」のレシピを組み合わせて献立にも！

1章
鶏肉のみそ蒸し
（p.21）

2章
にんじんと刻みナッツの白あえ
（p.67）

1章では「肉・魚のレシピ」、2章では「野菜のレシピ」をご紹介。各1品ずつ作って組み合わせれば、1食分の主菜と副菜の献立が完成。パッと作れるクイックメニューでも、バランスよく栄養がとれるのでおすすめです。

食べたいときに食べる
＝
らくちんストックレシピ

鶏ひき肉の場

残り半量は**ストック**に

\アレンジ❷/

1章
ワンタンスープ（p.29）

\アレンジ❶/

1章
クイックナゲット（p.29）

・クイックレシピを作りながら、同じ食材で仕込める

・ストックがあると、忙しい日の夕飯作りも安心

・じっくり味がなじむので、食材のうまみが凝縮！

このしくみで
夕飯作りがぐっとラクに！

クイックだけ、ストックだけでも自由に楽しめる

本書では同じ食材を分け、①その日の夕飯＝クイックレシピ＋②ゆるストック＝ストックレシピをセットで提案。でも、もちろんクイックレシピかストックレシピの片方だけ作っても。時間や気分などによって自由に活用してください。

共働き夫婦の場合

妻
Aさん

夫
Bさん

月

19:00 帰宅

今日はスムーズに帰宅！
夕飯を作りながら
ストックも仕込もう

主菜

えびチリ (p.52)

調理時間
15分

らくちんストックの仕込みも
えびの塩オイル漬け
(p.54・冷凍に回す)

 ＋

副菜

**せん切りキャベツの
ごまかつおだれ** (p.85)

調理時間
8分

らくちんストックの仕込みも
キャベツの塩もみ
(p.86)

火

19:30 帰宅

余裕のあるうちに
ストックを
増やしておこう

主菜

シンガポールライス (p.23)

調理時間
10分

らくちんストックの仕込みも
**鶏むね肉の
塩ヨーグルトマリネ**
(p.24)

 ＋

副菜

**小松菜とザーサイの
いため物** (p.81)

調理時間
8分

らくちんストックの仕込みも
冷凍小松菜
(p.82)

土日

休日時間をたっぷり楽しめる！

かんたんクイックレシピ＆らくちんストックレシピのおかげで…

土曜日はふたりで外食

日曜日は美術館へ

ふむ…

金

22:30 帰宅

仕事後に英会話レッスン。
夫は飲み会だから
夕飯は手軽なものに

1品完結

**卵ととうふの
ふわふわ丼** (p.114)

| 調理時間 |
| 10分 |

月曜・火曜のストックは
翌週のごはん作りに！

木

21:00 帰宅

ふたりとも残業。
でも、ストックがあるから
夕飯作りがラク！

火曜の
**鶏むね肉の
らくちんストック**を
使って

主菜

タンドリーチキン (p.25)

| 調理時間 |
| 8分 |

＋

月曜の
**キャベツの
らくちんストック**を
使って

副菜

コールスロー (p.87)

| 調理時間 |
| 5分 |

水

19:00 帰宅

週の真ん中で疲れる〜！
ストック作りはパスして
今日はクイック夕飯だけ

主菜

スピード酢豚 (p.38)

| 調理時間 |
| 15分 |

＋

副菜

**トマトとわかめの
ナムル** (p.72)

| 調理時間 |
| 5分 |

このしくみなら
毎日違う状況にも
フレキシブルに
合わせられます

分量と分け方
必要なメイン食材の分量と、クイック・ストックへの分け方

メイン食材
クイック・ストック共通のメイン食材

クイック編

全部で**4切れ**買ってくる

残り2切れは**ストックに**左ページへ！

2切れは**夕飯に**このページのレシピ

さば

血液サラサラ効果の高いDHAやEPAが豊富でヘルシー。青魚特有のくさみをやわらげ、うまみをアップさせるみそ漬けにしてストックします。

かんたん　クイック

魚焼きグリルで一気に調理が完了！

さばと長いもの ガーリックオイル焼き

材料【2人分】
さば（切り身）── 2切れ（200g）
塩 ── 小さじ1
長いも ── 5cm（120g）
A にんにくのすりおろし
　 ── 小さじ1/2
　 サラダ油 ── 小さじ2

作り方

1 さばは塩をすり込み、5分ほどおき。塩をさっと洗い流し、キッチンペーパーで水けをふく（塩さばの場合は不要）。長いもは皮をしっかり洗い、縦に6等分に切る。

2 バットにAを入れてまぜ、1を加えてからめ、魚焼きグリルに並べてこんがりと焼く。両面グリルなら中火で7〜8分、片面グリルなら4分ほど焼いて上下を返し、さらに4分ほど焼く。

▶オイルをからめておいて、食べる直前に焼きましょう。

調理時間
10分

クイック Point!

さばと長いもを同時調理！
魚焼きグリルで魚を焼くときは野菜もいっしょに焼くのがおすすめ。長いもは皮をむかなくてもOK。さばにオイルをからめるときは、身がくずれやすいので気をつけて。

48

かんたん クイックレシピ
帰宅後に手早く作れるレシピ

目安の調理時間
下ごしらえから調理完了までにかかる目安時間
※水にさらす、水でもどす、冷ます、漬け込む、炊飯する、めんをゆでる、オーブンの加熱などの時間は除く

補足情報
食べ方の注意点やおいしく食べるためのポイントなどがある場合に掲載

クイック Point!
おいしく時短できるレシピのポイント。レシピ内の該当工程には黄色のハイライトつき

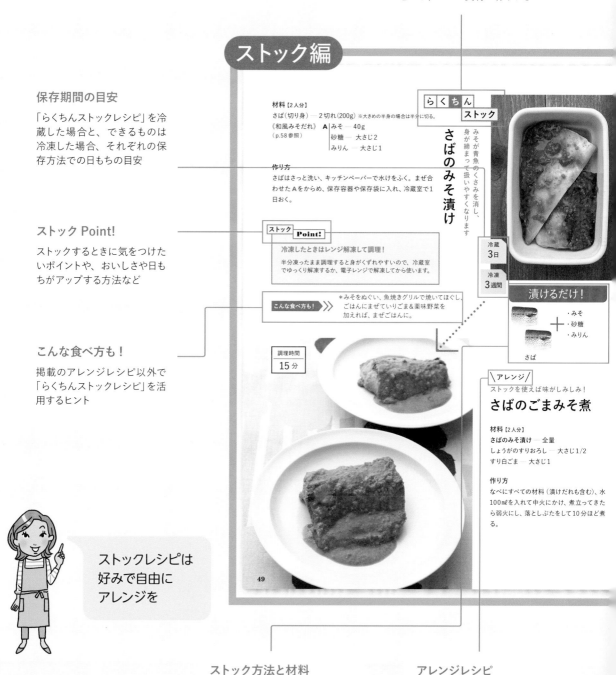

らくちんストックレシピ

「かんたんクイックレシピ」を作る際に仕込める、メイン食材の作りおきレシピ

保存期間の目安

「らくちんストックレシピ」を冷蔵した場合と、できるものは冷凍した場合、それぞれの保存方法での日もちの目安

ストック Point!

ストックするときに気をつけたいポイントや、おいしさや日もちがアップする方法など

こんな食べ方も！

掲載のアレンジレシピ以外で「らくちんストックレシピ」を活用するヒント

ストックレシピは
好みで自由に
アレンジを

材料【2人分】
さば(切り身) — 2切れ(200g) ※大きめの半身の場合は半分に切る。
《和風みそだれ》 A｜みそ — 40g
(p.58参照) ｜砂糖 — 大さじ2
　　　　　　｜みりん — 大さじ1

作り方
さばはさっと洗い、キッチンペーパーで水けをふく。まぜ合わせたAをからめ、保存容器や保存袋に入れ、冷蔵室で1日おく。

| らくちん | ストック |
さばのみそ漬け

みそが青魚のくさみを消し、身が締まって扱いやすくなります

冷蔵 3日
冷凍 3週間

漬けるだけ！

さば ＋ ・みそ ・砂糖 ・みりん

ストック Point!

冷凍したときはレンジ解凍して調理！

半分凍ったまま調理すると身がくずれやすいので、冷蔵室でゆっくり解凍するか、電子レンジで解凍して使います。

こんな食べ方も！

＊みそをぬぐい、魚焼きグリルで焼いてほぐし、ごはんにまぜていりごま＆薬味野菜を加えれば、まぜごはんに。

調理時間 15分

\アレンジ/
ストックを使えば味がしみしみ！

さばのごまみそ煮

材料【2人分】
さばのみそ漬け — 全量
しょうがのすりおろし — 大さじ1/2
すり白ごま — 大さじ1

作り方
なべにすべての材料(漬けだれも含む)、水100mlを入れて中火にかけ、煮立ってきたら弱火にし、落としぶたをして10分ほど煮る。

49

ストック方法と材料

メイン食材のストック方法と、使用する調味料などを端的に紹介

アレンジレシピ

「らくちんストックレシピ」をアレンジして作ることができるレシピの例

クイック & ストック
基本の道具

クイック調理と、冷蔵 & 冷凍ストックに役立つ道具をピックアップ。本書のレシピでも活躍しています。

ストック レシピに！
保存に便利なグッズ

コンテナ容器

レンジ対応のものを

冷凍や電子レンジ調理にも対応するものがおすすめ。スタッキングできるタイプなら収納もかさばらない。

ほうろう容器

じか火調理もできる

金属にガラス加工を施した保存容器。冷凍保存したものをそのままじか火にかけて調理することが可能。電子レンジでの調理はNGなので要注意。

耐熱ガラス容器

中身が見やすい

耐熱ガラスの保存容器なら、電子レンジ調理が可能。数日〜数週間の冷蔵保存時にも便利で、中身の様子が見やすいので使い忘れも防げる。

金属バット

スピーディに冷凍

ステンレスやアルミなどは熱伝導率がいいので、ファスナーつき冷凍用保存袋に入れた食材をのせてそのまま冷凍室に入れれば、急速に冷凍できる。

ファスナーつき冷凍用保存袋

漬け込み保存に便利

漬け込む場合、漬け汁が少量ですむ利点が。「らくちんストック」で冷凍保存する際に使えるよう、冷凍から電子レンジ解凍までOKのタイプを選んで。

クイック レシピに！
時短につながる道具

キッチンばさみ

包丁やまないたいらず

なべやフライパンの上で直接食材をカットできて便利。包丁やまないたを洗う手間を省略できる。分解できるタイプなら、洗いやすいのでおすすめ。

ピーラー

食材を薄く削るときに

皮をむく以外に、大根やにんじんなどを薄く削る際にも使える。薄いと火が通りやすく、サラダなどにも使いやすい。

スライサー

薄切りを手早く

包丁では時間がかかる薄切りやせん切り。大きさをそろえるのも手間。そんなときはスライサーを使えば簡単 & 時短に！

おろし器

食材のすりおろしに

にんにくやしょうがなどの薬味、大根などをささっとすりおろすときに。写真のような器型以外に板状のものなども。

ポリ袋はクイックにもストックにも活躍！

漬け汁をもみ込んで味をなじませたり、粉をまぶしたりするとき、ポリ袋があれば手を汚さずにすみます。口を結べばそのまま冷蔵室に入れることができるので、時短調理にも作りおき保存にも便利。

肉・魚のおかず

クイック&ストックレシピ

献立のメインになる
肉や魚で作るおかず。

使う種類や部位がかたよる、
いつも同じ味つけになる、
下ごしらえや調理に
時間がかかる……など
作りづらいイメージはありませんか?

夕食作りのかたわら
同じ食材でストックを作る
本書の「ごはんのしくみ」なら
毎日の料理のストレスが
ぐっと軽くなります。

全部で**2枚**買ってくる

残り1枚は**ストック**に
p.20をチェック!

1枚は**夕飯**に
このページのレシピ

か ん た ん
クイック

にんにく&とうがらし風味のイタリアンおかず

鶏肉とじゃがいものアーリオオーリオ

材料【2人分】

鶏もも肉 ── 1枚（250g）
じゃがいも ── 2個（300g）
にんにく ── 1かけ
赤とうがらし ── 1本
塩 ── 小さじ2/3
オリーブ油 ── 大さじ1

作り方

1　じゃがいもは2cm角に切ってさっと洗い、水けをきる。にんにくは薄切りにする。鶏肉は6～8等分に切り、塩小さじ1/3をすり込む。

2　フライパンににんにく、赤とうがらし、オリーブ油を入れて中火にかける。ときどきまぜ、にんにくに軽く焼き色がついて赤とうがらしが茶色くなったら、じゃがいも、水大さじ2を加え、ふたをして5分ほど蒸し焼きにする。じゃがいもにほぼ火が通ったらふたをとり、塩小さじ1/3を振ってまぜ合わせる。

3　2のフライパンに鶏肉を皮目を下にして入れ、皮目に焼き色がついたら上下を返してじゃがいもとまぜ合わせ、ときどきまぜながら、5分ほど焼く。器に盛り、好みであらびき黒こしょうを振る。

▶▶冷めてもおいしく食べられる。

調理時間
15分

クイック **Point!**

じゃがいもは下ゆでしなくてOK

じゃがいもは、フライパンでふたをして蒸し焼きに。同じフライパンで鶏肉を焼けば、洗い物も少なくてラク!

調理時間
15分

かんたん クイック

鶏肉の焼きつけから煮込みまでフライパン1つで

鶏肉のクリームコーン煮

材料【2人分】

鶏もも肉 ── 1枚(250g)
クリームコーン缶
　　　── 小1缶(190g)
ブロッコリー ── 1/2個(150g)
牛乳 ── 150㎖
小麦粉 ── 適量
塩 ── 小さじ2/3
こしょう ── 適量
サラダ油 ── 小さじ1

作り方

1　ブロッコリーは小房に分ける。鶏肉は6等分に切って塩小さじ1/3をすり込み、小麦粉をまぶして余分な粉を落とす。

2　フライパンにサラダ油を中火で熱し、**1**の鶏肉を皮目を下にして焼く。軽く焼き色がついたら上下を返し、さっと焼く。肉から出た脂をキッチンペーパーでふきとる。

3　牛乳を加え、ひと煮立ちしたら全体をまぜる。とろみがついてきたらクリームコーン缶、ブロッコリーを加えてふたをし、煮立ったら火を弱め、ときどきまぜながら3分ほど煮る。塩小さじ1/3、こしょうで味をととのえる。

クイック **Point!**

ラクうまの味方！
クリームコーン缶

クリームコーン缶を使えば、短い煮込み時間でこっくりとした味わいに仕上がります。

（← p.18参照）

らくちんストック

鶏もも肉のはちみつみそ漬け

甘みにはちみつを使えば肉がやわらかく仕上がります

材料【2人分】
鶏もも肉 ── 1枚（250g）
A｜みそ、はちみつ
　　── 各大さじ1〜1と1/2

作り方
鶏肉は半分に切り、まぜ合わせたAをからめる。保存容器や保存袋に入れ、冷蔵室で1日おく。

冷蔵 **4日**

冷凍 **1カ月**

ストック　Point!

味をみて
はちみつの量は調整を

みそは種類によって塩辛さが違うので、しょっぱいようならはちみつを少し足しましょう。フライパンで焼くときは、焦げやすいので火かげんには要注意!

漬けるだけ!

鶏もも肉　＋　・みそ
　　　　　　　　・はちみつ

こんな食べ方も! ≫≫　＊油を引いたフライパンで野菜といっしょにソテー。
＊なべで少量の水とともに煮て、仕上げにバターをプラス。

調理時間
10分

＼アレンジ❶／
アスパラは時間差で投入するのがコツ

鶏肉のみそ蒸し

材料【2人分】
鶏もも肉のはちみつみそ漬け ── 全量
グリーンアスパラガス ── 1束（2〜3本）

作り方

1 アスパラは長さを3等分に切り、かたい部分を
　 ピーラーでむく。

2 鶏肉は耐熱皿にのせてラップをふんわりとかけ、
　 電子レンジで2分30秒ほど加熱する。

3 一度とり出して上下を返す。アスパラをのせて再
　 びラップをかけ、さらに2分ほど加熱する。

4 とり出してあら熱をとり、鶏肉を食べやすい大き
　 さに切り、アスパラとともに器に盛る。

※鶏肉を皮つきのまま電子レンジで加熱すると、鶏肉が庫内に飛
び散ることがあります。加熱前にラップをきちんとかけるようにし
てください（皮つきの別の肉や魚も同様）。

調理時間
10分

＼アレンジ❷／
焼いたみその香ばしさがたまらない！

鶏肉のはちみつみそグリル

材料【2人分】
鶏もも肉のはちみつみそ漬け ── 全量
アーモンド（あらく刻む） ── 大さじ1

作り方

1 鶏肉は魚焼きグリル（両面焼き）で焦げないよう
　 に様子を見ながら8分ほど焼く。

2 食べやすく切って器に盛り、アーモンドを散らし、
　 好みでフリルレタスなどの葉野菜を添える。

▶▶冷めたままで食べても十分おいしい。あたため直すと香
ばしさが減って逆効果に。

全部で**2枚**買ってくる

残り1枚は
ストックに
p.24 を
チェック！

1枚は
夕飯に
このページの
レシピ

鶏むね肉

ヘルシーで栄養価が高く、家計にもやさしくて注目の部位。熱が入るとパサつきやすい食感をしっとりとさせるコツがクイックでもストックでも満載です。

かんたん クイック

うまみたっぷりのたれがしみ込んで、時間がたってもおいしい！

鶏肉のカレー南蛮漬け

材料【2人分】

鶏むね肉 —— 1枚（250g）
塩、こしょう —— 各少々
パプリカ（赤、黄など）
　　 —— 1/2個分（75g）
小麦粉 —— 適量
すし酢（市販） —— 大さじ4
カレー粉 —— 小さじ1
サラダ油 —— 適量

※すし酢（合わせ調味料）を手作りする場合は、p.112参照。

作り方

1　パプリカは乱切りにする。鶏肉はそぎ切りにし、塩、こしょうを振る。

2　バットにすし酢、カレー粉、水大さじ3を入れてまぜ、パプリカを加える。

3　フライパンにサラダ油を深さ5mmほど入れ、中火で180度ほどに熱する。**1**の鶏肉に小麦粉をまぶし、余分な粉を落として入れ、両面に軽く揚げ色がつくまで3分ほど揚げ焼きにする。油をきって**2**に漬け込み、味がしみ込むまで10分ほどおく。

▶▶冷めてもしっとりやわらか。あたため直すと肉がかたくなるので、そのまま食卓に。保存容器に入れて冷蔵で3日ほど保存可能。

調理時間
15分

クイック **Point!**

揚げ焼きにすれば調理がラクラク！

材料が半分つかるくらいの少ない油で上下を返しながら揚げ焼きにすると、揚げ物も気軽にできます。

さわやかな風味のエスニック炊き込みごはん

かんたん クイック **シンガポールライス**

材料【2人分】

鶏むね肉 —— 1枚（250g）
米 —— 1.5合（270㎖）
きゅうり —— 1本（100g）
香菜 —— 適量

A 塩 —— 小さじ1/2
水 —— 270㎖

B しょうがの薄切り —— 2切れ
にんにく —— 小1かけ

C サラダ油 —— 大さじ2
レモンのしぼり汁 —— 大さじ1
しょうがのみじん切り
　　—— 大さじ1/2
塩、砂糖 —— 各小さじ1/2

作り方

1 鶏肉は塩2つまみ、こしょう少々（各分量外）をすり込む。

2 米は洗って炊飯器の内釜に入れる。**A**を加えてまぜ、**B**、**1**をのせて普通に炊く。

3 きゅうりはところどころ皮をむいて乱切りにする。香菜は食べやすくちぎる。

4 ごはんが炊き上がったら鶏肉、しょうがをとり出し、にんにくをつぶしながらまぜる。器に食べやすい大きさに切った鶏肉、きゅうり、ごはんを盛り、香菜を添える。まぜ合わせた**C**を鶏肉、きゅうりにかける。

クイック **Point!**

鶏肉の調理も
炊飯器におまかせ

鶏肉を米とともに炊飯器に入れてスイッチオン！ 炊飯しながら鶏肉にも火が通り、肉のうまみとにんにくの風味がごはんに移ります。

（← p.22参照）

らくちん
ストック

鶏むね肉の塩ヨーグルトマリネ

肉の繊維を分解する効果がある
ヨーグルトの働きを活用！

材料【2人分】
鶏むね肉 …… 1枚（250g）
A｜塩 …… 小さじ2/3
　｜プレーンヨーグルト …… 60mℓ

作り方
鶏肉は6等分に切り、まぜ合わせたAをからめる。保存容器や保存袋に入れ、冷蔵室で1日おく。

冷蔵
4日

冷凍
1ヵ月

ストック **Point!**

ヨーグルト効果で
肉がやわらかく

ヨーグルトに漬け込むと、鶏むね肉がやわらかくなります。しっとり＆ジューシーな味わいに。

漬けるだけ！

鶏むね肉　＋　・塩
　　　　　　　・プレーンヨーグルト

こんな食べ方も！　≫≫
＊トマト缶と合わせて煮てカレールウを加えれば、インドカレー風に！
＊一口大に切って、好みの野菜とさっといためて。
＊ラップをかけて電子レンジで加熱し、裂いてバンバンジーなどに。

＼アレンジ❶／

本格的なインド料理が手軽にできる！

タンドリーチキン

材料【2人分】

鶏むね肉の塩ヨーグルトマリネ ── 全量

A カレー粉、トマトケチャップ ── 各大さじ1/2

しょうがのすりおろし ── 小さじ1弱

にんにくのすりおろし ── 小さじ1/2

こしょう ── 少々

作り方

1 鶏肉は、まぜ合わせた **A** をよくもみ込む。

2 クッキングシートを敷いた天板に **1** の鶏肉を並べて **1** の調味液をかけ、230度に予熱したオーブンで10〜15分焼く。

3 器に好みでサラダ菜などを敷き、**2** を盛る。

調理時間
8 分

オーブン使いでラク度アップ
オーブンは焼き色がきれいについて、あと片づけもラク！ 油を引いたフライパンで弱めの中火で7〜8分、ふたをして蒸し焼きにしてもOK。

＼アレンジ❷／

蒸すとサラダチキンに。ドレッシングなしでもおいしい！

ヨーグルトチキンと豆のサラダ

材料【2人分】

鶏むね肉の塩ヨーグルトマリネ ── 全量

ミックスビーンズ缶 ── 1缶（120g）

ベビーリーフ ── 1袋

作り方

1 耐熱皿に鶏肉をのせ、ラップをかけて電子レンジで3分30秒〜4分加熱する。

2 とり出して、ラップをかけたまま冷ます。食べやすく裂き、蒸し汁、ミックスビーンズとまぜる。

3 器にベビーリーフを敷いて **2** を盛り、好みでオリーブ油やポン酢しょうゆをかける。

調理時間
15 分

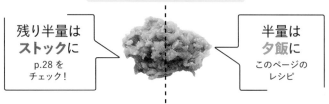

残り半量は
ストックに
p.28を
チェック！

全部で**400g**買ってくる

半量は
夕飯に
このページの
レシピ

鶏ひき肉の中でも水分が多いので傷みやすい特徴がある種類。早めにクイック調理するかストック処理をしておいしく食べましょう。

鶏ひき肉

かんたん　クイック

人気の韓国おかずを鶏ひきでパパッと！

鶏ひき肉とにんじんのチャプチェ

材料【2人分】

鶏ひき肉 ── 200g

にんじん ── 1/2本（70g）

にら ── 1束（100g）

はるさめ ── 40g

にんにくのみじん切り、しょうがの
　みじん切り ── 各小さじ1

A｜しょうゆ ── 大さじ1と1/2
　｜砂糖 ── 小さじ1

ごま油 ── 小さじ1

すり白ごま ── 大さじ1/2

作り方

1　にんじんはピーラーで薄切りにする。にらは5cm長さに切る。フライパンに湯を深さ3cmほど沸かし、はるさめをさっとゆでて湯をきる。

2　フライパンににんにく、しょうが、ごま油を入れて中火にかけ、香りが立ったらひき肉を加えていためる。

3　肉の色が変わったら**1**を加え、さっとまぜ合わせて**A**を加え、汁けがなくなるまで2分ほどいためる。器に盛り、ごまを振る。

調理時間
15分

クイック　**Point!**

にんじんの薄切りはピーラーで！

にんじんはピーラーで皮をむいたあと、そのままピーラーを使って薄切りに。火も通りやすくてダブル時短！

26

調理時間
15分

かんたん
クイック **ガパオライス**

バジルがきいたタイのピリ辛のっけごはん

材料【2人分】

鶏ひき肉 —— 200g
玉ねぎ —— 1/2個（100g）
パプリカ（赤、黄など）
　　 —— 1/2個分（75g）
バジル —— 1パック（2〜3枝）
赤とうがらし —— 1本
しょうがのみじん切り —— 大さじ1/2
にんにくのみじん切り —— 小さじ1
A | オイスターソース、ナンプラー
　　| —— 各大さじ1
塩、こしょう —— 各少々
卵 —— 2個
サラダ油 —— 大さじ1
あたたかいごはん —— 茶わん2杯分

作り方

1 玉ねぎは5mm幅、パプリカは7mm幅に切る。赤とうがらしはキッチンばさみで1cm幅に切る。バジルは葉と茎に分け、茎はざく切りにする。

2 フライパンにバジルの茎、赤とうがらし、しょうが、にんにく、サラダ油小さじ2を入れて中火にかける。香りが立って色づき始めたらひき肉、玉ねぎ、パプリカを加え、肉に火が通るまで2〜3分いためる。

3 Aを加えてまぜ、火を止める。バジルの葉を加えてまぜ、塩、こしょうで味をととのえる。

4 器にごはんを盛り、**3**をのせる。

5 フライパンをさっと洗い、サラダ油小さじ1を強火で熱し、卵を割り入れて半熟の目玉焼きを作り、**4**にのせる。

クイック **Point!**

バジルの葉は
いためなくてOK

バジルの葉は風味が変わらないように火を止めてからプラス。火が通りやすく、あっという間にエスニックテイストに！

（← p.26参照）

材料【2人分】

鶏ひき肉 —— 200g
とき卵 —— 大さじ1
塩 —— 小さじ1/4
こしょう —— 適量
かたくり粉 —— 小さじ2

作り方

すべての材料を保存袋に入れ、全体になじむまでもみ込む。

※卵を入れすぎると、ナゲット（左ページ）が作りにくくなるので注意。

※残った卵はスープなどに使っても。

らくちん
ストック

鶏ひき肉だね

ゆるめに仕上げた肉だねは火を通してもふわふわです

冷蔵
3日

冷凍
1ヵ月

ストック **Point!**

肉だねは
あまりもみすぎない

袋に材料を入れたら、卵とかたくり粉がまざる程度までもめばOK。あまりもみすぎると、焼いたときに肉が縮んでしまいます。

もみ込むだけ！

鶏ひき肉 ＋ ・卵
・塩・こしょう
・かたくり粉

こんな食べ方も！ ≫≫ ＊とうふといっしょに耐熱容器に入れて電子レンジで加熱すれば、あっさり蒸し物に。
＊なべ物にスプーンで落とし入れれば、つくねに。

\アレンジ❶/

肉がみっちり、食べごたえあり

クイックナゲット

材料【2人分】

鶏ひき肉だね —— 全量

小麦粉 —— 適量

サラダ油 —— 適量

作り方

1 バットに小麦粉を広げ、肉だねをスプーンで落とす。表面に薄く小麦粉をはたきつけ、薄い小判形にととのえる。

2 フライパンを中火で熱し、サラダ油を深さ5mmほど入れ、あたたまったら**1**を加えて3〜4分揚げ焼きにする。

3 器に盛り、好みでトマトケチャップ、マスタードを添える。

▶▶残りをあたためる場合は、アルミホイルに並べてオーブントースターで加熱して。

調理時間
15分

\アレンジ❷/

ワンタンスープ

ワンタンもストック肉だねで速攻調理

調理時間
15分

材料【2人分】

鶏ひき肉だね —— 半量

ワンタンの皮 —— 10〜15枚

豆苗 —— 1/4パック

しょうがのすりおろし —— 小さじ1/2

鶏ガラスープのもと —— 大さじ1

作り方

1 なべに湯500mlを沸かし、鶏ガラスープのもと、豆苗を加えてさっと煮て、豆苗を器にとり出す。

2 ワンタンの皮の中央に肉だねを等分してのせ、皮のふちに水少々をつけてしっかりとじる。包む。**1**のスープにしょうがを加えて煮立て、ワンタンを加える。ワンタンが浮いてきたら、さらに1分ほど煮て、**1**の器に盛る。

残ったワンタンは冷凍保存

ワンタンを倍量作り、半量を冷凍保存しておくのも便利。ラップを敷いたバットに並べて冷凍し、保存袋などに入れて保存しましょう。凍ったままスープに入れたり、揚げ焼きにしたりして活用できます。

残り半量は
ストックに
p.32 を
チェック!

全部で **400g** 買ってくる

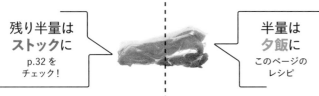

半量は
夕飯に
このページの
レシピ

豚薄切り肉

ロース、バラ、こまぎれなどの
薄切りの豚肉は、手軽に
スタミナアップしたいときに便利。
塩とにんにくを合わせてストックし、
うまみを引き出します。

かんたん
クイック

キムチを最初にしっかりいためるのがコツ

豚キムチ

材料【2人分】
豚薄切り肉 —— 200g
白菜キムチ —— 150g
豆もやし —— 1袋（200g）
しょうがのみじん切り —— 小さじ1
しょうゆ —— 小さじ1
ごま油 —— 小さじ1
細ねぎ —— 適量

作り方

1 豚肉、キムチは食べやすい大きさ
に切る。細ねぎは小口切りにする。

2 フライパンにごま油、しょうがを
入れて中火で熱し、キムチを加え
て2分ほどいためる。キムチをフ
ライパンの端に寄せ、火を強めて
豚肉を加え、肉に火が通るまでと
きどきまぜながらいため、キムチ
とまぜ合わせる。

3 豆もやしを加え、ふたをして2分
ほど蒸し焼きにする。もやしに火
が通ったらまぜ、しょうゆで味を
ととのえる。器に盛り、細ねぎを
散らす。

調理時間
10分

クイック **Point!**

細ねぎはキッチンばさみでカット
細ねぎを切るときはキッチンば
さみを利用すると、こまかくしやす
くてラク。にらなどにも応用でき
ます。

スタミナ&ボリュームがバッチリ

豚丼

材料【2人分】

豚薄切り肉 —— 200g
玉ねぎ —— 小1個（150g）
しょうがのすりおろし —— 小さじ1
にんにくのすりおろし —— 小さじ1/2
A しょうゆ、みりん
　　　 —— 各大さじ1と1/2
　　砂糖 —— 小さじ1
サラダ油 —— 小さじ1
あたたかいごはん —— 茶わん2杯分

作り方

1 玉ねぎは5mm幅に切る。豚肉は食べやすい大きさに切る。

2 フライパンにサラダ油を中火で熱し、にんにく、しょうが、豚肉、玉ねぎを入れてさっといためる。**A**、水大さじ1と1/2を加えてまぜ、ふたをして2分ほど煮る。ふたをとり、たれがとろりとするまで煮詰める。

3 器にごはんを盛り、**2**の豚肉をのせてたれをかけ、好みで貝割れ菜をのせる。

クイック **Point!**

どんぶりだれに万能の合わせ調味料

しょうゆ、みりん、砂糖は火にかけるとすぐとろみがついて、クイック仕上げが実現。この調味料の配合は、少し甘めのどんぶりだれとして応用できます。

調理時間
10分

材料【2人分】
豚薄切り肉 ⋯⋯ 200g
にんにくのすりおろし
　　⋯⋯ 小さじ1弱
塩 ⋯⋯ 小さじ1/3

作り方
豚肉は食べやすい大きさに切り、にんにくと塩をもみ込む。保存容器や保存袋に入れ、冷蔵室で1日おく。

らくちん
ストック

豚薄切り肉の塩にんにくマリネ

塩とにんにくだけでマリネに。豚肉のうまみを引き出します

冷蔵
4日

冷凍
1ヵ月

ストック **Point!**

豚もも肉は
ストックには不向き

水分が多い豚もも肉は、塩漬けにするとかたくなってしまいます。ほかの部位はそれぞれうまみがあるので、2種類ほど使ってストックしても。

漬けるだけ！

豚薄切り肉　**＋**　・にんにく　・塩

こんな食べ方も！ ≫　＊火の通りやすい野菜とともに電子レンジで加熱して、ボリューム蒸し物に。
＊食べやすくまとめ、天ぷら粉をといた衣をからめて揚げれば、そのままでもおいしい肉天に。

\アレンジ❶/

彩りのいい野菜とドライハーブでおしゃれに

豚肉のイタリアンソテー

材料【2人分】
豚薄切り肉の塩にんにくマリネ
　　── 全量
トマト ── 1個（150g）
ズッキーニ ── 小1本（100g）
塩 ── 少々
オリーブ油 ── 大さじ1/2
ドライハーブ
　（オレガノ、バジルなど）
　　── 小さじ1

作り方

1　トマトは2cm角に切る。ズッキーニは3cm長さの棒状に切る。

2　フライパンにオリーブ油を強めの中火で熱し、豚肉を広げ入れ、少し焼き色がつくまで2分ほどいためる。

3　ズッキーニを加えて塩を振り、焼き色がついたらトマトとハーブを加えてさっといため合わせる。

調理時間
10分

\アレンジ❷/

カリッと焼いた豚肉が香ばしい！

サムギョプサル

材料【2人分】
豚薄切り肉の塩にんにくマリネ
　（豚バラ肉がおすすめ）── 全量
サンチュ ── 1パック
ごま油 ── 小さじ1
ねぎ、香菜 ── 各適量
A｜みそ ── 大さじ1
　｜コチュジャン ── 大さじ1/2
　｜みりん ── 小さじ2
　｜にんにくのすりおろし、しょうが
　｜のすりおろし ── 各小さじ1/5

作り方

1　ねぎは斜め薄切り、香菜は4〜5cm長さに切る。Aはまぜ合わせる。

2　フライパンにごま油を強火で熱して豚肉を広げ入れ、こんがりと焼き色がついて火が通るまで3〜4分いためる。

3　器にねぎ、香菜、サンチュ、2を盛り、Aを添える。サンチュに肉、香味野菜、Aをのせ、巻いて食べる。

調理時間
10分

豚ひき肉

和洋中の料理に使えて便利。
脂肪の少ない赤身を選んで。
鮮度が落ちるとくさみが出やすく、
くさみ消しのしょうがを加えて
加熱してからストックします。

全部で **400g** 買ってくる

残り半量は
ストックに
p.36 を
チェック！

半量は
夕飯に
このページの
レシピ

か ん た ん
クイック

ハンバーグや肉だんごより手軽でおしゃれ！

スパイシーソーセージ

材料【2人分】

豚ひき肉（赤身の多いもの）── 200g
ドライハーブ（オレガノなど好みで）
　── 適量
かたくり粉 ── 小さじ2/3
塩 ── 小さじ1/3
こしょう ── 適量
サラダ油 ── 小さじ1

作り方

1 サラダ油以外の材料をポリ袋に入れ、水小さじ2を加えてペースト状になるまでねりまぜる。

2 生地がくっつかないように手にサラダ油（分量外）を少しつけ、**1**を何本かの棒状にする。

3 フライパンにサラダ油を中火で熱して**2**を並べ、こんがりとするまで4〜5分焼く。器に盛り、好みであらびき黒こしょうを振り、ベビーリーフを添える。

調理時間
10分

クイック **Point!**

肉だねをこねる場合はポリ袋で！

肉だねをこねるときは、ポリ袋に入れるとラク。袋の上からもむと手が汚れません。

34

調理時間
10分

蒸し焼きにしたなすを使ったヘルシーカレー

豚ひき肉となすのカレー

材料【2人分】
豚ひき肉（赤身の多いもの）── 200g
なす ── 3個（300g）
玉ねぎ ── 1/2個（100g）
カレールウ ── 40g
しょうがのすりおろし ── 小さじ2
サラダ油 ── 大さじ1/2
あたたかいごはん ── 茶わん2杯分

作り方

1 なすは1cm厚さの輪切りにする。玉ねぎは5mm幅に切る。

2 フライパンになす、水大さじ4を入れて中火にかけ、ふたをして蒸し焼きにする。なすに火が通ったらふたをあけて水分をとばし、サラダ油を加えてなすの両面にこんがりと焼き色をつける。

3 ひき肉、玉ねぎを加えて肉がパラリとなるまでいため、水300mlを加える。煮立ったら火を止め、カレールウを加えてとかす。再び中火にかけてとろりとするまで煮込み、しょうがを加えてまぜる。

4 器にごはんを盛り、**3**をかける。

クイック **Point!**

なすは蒸し焼きにして
火の通りをスムーズに

なすを焼くときは、蒸し焼きにしてから油を加えて焼きましょう。火の通りが早くなり、油の量も少なくてすみます。

残りの豚ひき肉 200g（← p.34参照）を使って…

材料【2人分】

豚ひき肉（赤身が多いもの）
　── 200g
みそ ── 大さじ2
砂糖 ── 大さじ1
しょうゆ ── 小さじ1
しょうがのすりおろし、小麦粉
　── 各小さじ1

作り方

1 耐熱容器にすべての材料を入れ、泡立て器でまぜる。

2 ラップをかけ、電子レンジで2分30秒ほど加熱する。いったんとり出し、再びまぜてラップをかけ、1分30秒ほど加熱する。保存容器や保存袋に入れる。

らくちん
ストック

豚ひきの肉みそ

トッピングに調味料がわりにと
使いやすさはピカイチ！

冷蔵
4日

冷凍
1カ月

電子レンジ加熱するだけ！

豚ひき肉

＋

・みそ
・砂糖
・しょうゆ
・しょうが
・小麦粉

ストック　**Point!**

豚ひき肉は
赤身の多いものを選ぶ

脂の多いものを使うと、冷蔵保存したときに白く固まってしまいます。白い部分が少なくて赤身の多い豚ひき肉を選んで。

こんな食べ方も！　＞＞　＊なすなどソテーした野菜と合わせれば、味つけいらずでボリュームのある一品に。
＊冷ややっこのトッピング、おにぎりの具にもおすすめ。

\アレンジ❶/

油揚げをピザ生地がわりにしたアイディアレシピ

油揚げの肉みそピザ

材料【2人分】

豚ひきの肉みそ ── 大さじ2

油揚げ ── 2枚

ピザ用チーズ ── 適量

細ねぎの小口切り ── 適量

作り方

1 アルミホイルに油揚げをのせ、肉みそ、チーズを散らす。

2 オーブントースターか魚焼きグリルでこんがりと焼く。

3 食べやすく切り、細ねぎを散らす。

調理時間
5分

\アレンジ❷/

ねりごま入りの濃厚スープに肉みそのコクを！

担担めん

材料【2人分】

豚ひきの肉みそ ── 大さじ4

小松菜 ── 2株

ねぎ ── 10cm

A 水 ── 500mℓ
　 鶏ガラスープのもと ── 小さじ2

B ねり白ごま ── 大さじ3
　 しょうゆ ── 小さじ2

中華めん（生） ── 2玉

※Bはp.112のごまだれ（辛）大さじ6で代用可。やや辛めの味つけに。

作り方

1 小松菜は3cm長さに切る。ねぎは小口切りにする。

2 なべにAを煮立ててBを加え、スープを作る。別のなべで中華めんを袋の表示時間を目安にゆで、器に盛る。

3 煮立てたスープに小松菜、ねぎを入れ、30秒ほど加熱する。めんの入った器に加え、肉みそをのせて好みでラー油をたらす。

調理時間
10分

全部で **4枚** 買ってくる

残り2枚は **ストック** に
左ページへ！

2枚は **夕飯** に
このページの
レシピ

豚厚切り肉

とんカツ用やステーキ用などの豚肉。ボリュームが出るのでクイック調理でもごちそう感あり！ストックしながら、厚みのある肉に味がしっかりなじみます。

かんたん **クイック**

具はいさぎよく豚肉と玉ねぎだけ！

スピード酢豚

材料【2人分】

豚ロース厚切り肉 ── 2枚（200g）

A | しょうゆ ── 小さじ2
　　| しょうがのすりおろし ── 小さじ1/2

かたくり粉 ── 大さじ3〜4

玉ねぎ ── 1個（200g）

B | 酢 ── 大さじ4
　　| 砂糖 ── 大さじ2と1/2
　　| 水 ── 大さじ2
　　| しょうゆ ── 大さじ1と1/2

サラダ油 ── 適量

作り方

1 玉ねぎは2cm角に切る。豚肉は6等分に切ってボウルに入れ、**A**を加えてもみ込み、5分ほどおく。汁けをきってポリ袋に入れ、かたくり粉を加えてまんべんなくまぶす。

2 フライパンにサラダ油を深さ5mmほど入れ、中火にかける。あたたまったら豚肉を入れ、こんがりと色づくまで2〜3分揚げてとり出す。

3 フライパンの油を大さじ1ほど残し、キッチンペーパーなどでふきとる。玉ねぎを入れ、中火で1分ほどいためて**B**を加える。煮立ったら豚肉を戻し入れ、とろみが出るまで煮る。

調理時間
15分

クイック **Point!**

衣づけにもポリ袋が便利

ポリ袋に空気を入れてふくらませ、上下によく振るように動かすと、粉類がまんべんなくつきます。

材料【2人分】
豚ロース厚切り肉 —— 2枚
《ハニーマスタードだれ》（p.58参照）
A はちみつ、粒マスタード —— 各大さじ1
塩 —— 小さじ1/3

作り方
豚肉は筋を切って保存容器や保存袋に入れ、**A**
を加えてからめる。

ストック Point!

筋切りで肉を扱いやすく

豚肉の赤身と脂肪の
間にある筋を切らな
いと、調理中に肉が
縮んで丸まる原因に。
包丁の刃先で必ず切
り込みを入れるよう
にしましょう。

粒マスタードの酸味がきいた
ごちそうストック肉

豚厚切り肉の
ハニーマスタード漬け

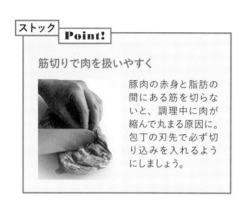

冷蔵 **4**日

冷凍 **1**カ月

漬けるだけ！

・はちみつ
・粒マスタード
・塩

豚ロース厚切り肉

＼アレンジ／
おうちでビストロ気分を味わえる一皿

豚肉ときのこのクリーム煮

調理時間 **15**分

材料【2人分】
豚厚切り肉の
ハニーマスタード漬け
—— 全量
しめじ —— 1パック（100g）
玉ねぎ —— 1/2個（100g）
白ワイン、生クリーム
—— 各100mℓ
塩、こしょう —— 各適量
サラダ油 —— 小さじ1

作り方
1 しめじは石づきをとってほ
ぐす。玉ねぎは薄切りにす
る。豚肉は食べやすく切る。

2 フライパンにサラダ油を中
火で熱し、しめじ、玉ねぎ
を入れていためる。しんな
りしたらフライパンの端に
寄せ、あいたスペースに豚
肉を並べ入れ、両面を3分
ずつ焼く。

3 白ワインを加えて強火にし、
半量になるまで煮詰める。
生クリームを加えて中火に
し、全体にからめるように
2〜3分煮て、塩、こしょう
で味をととのえる。器に盛
り、好みでパセリのみじん
切りを散らす。

全部で 400g 買ってくる

残り半量は**ストックに**
左ページへ！

半量は**夕飯に**
このページのレシピ

かんたん クイック

トマトの酸味と春菊で洗練された味わいに

トマトすき焼き

材料【2人分】

牛こまぎれ肉 ── 200g

トマト ── 大2個（500g）

春菊 ── 1束（200g）

木綿どうふ ── 1/2丁（150g）

めんつゆ（市販/3倍濃縮）── 100㎖

砂糖 ── 大さじ1弱

※めんつゆ（合わせ調味料）を手作りする場合は、p.112参照。

作り方

1　トマトはくし形切りにする。春菊は食べやすい長さに、とうふは食べやすい大きさに切る。

2　なべにめんつゆ、砂糖、水100㎖を入れて煮立て、とうふ、トマトを加えてさっと煮る。

3　牛肉を加え、軽く色が変わったら春菊を加えて火を止める。

調理時間 15分

クイック **Point!**

調理に使った土なべはそのまま食卓に

土なべで調理すると、器に移さず食卓にサーブできるからラク！ 1〜2人分にちょうどいい小なべがあると便利です。

材料【2人分】
牛こまぎれ肉 —— 200g
《焼き肉だれ》(p.58参照)
A | にんにくのすりおろし、しょうがの
　　すりおろし —— 各小さじ1/2
　　しょうゆ —— 大さじ1と1/2
　　はちみつ、すり白ごま —— 各小さじ2
　　ごま油 —— 大さじ1/2
※Aは市販の焼き肉だれ大さじ3ほどでも可。

作り方
すべての材料を保存袋に入れてもみ込み、冷蔵室で1日おく。

ストック　**Point!**

辛みをきかせて大人味でストックしても

漬けだれにとうがらしやこしょうをまぜれば、パンチのきいた大人味のストックになります。

こんな食べ方も！ ≫≫ ＊煮立てた鶏ガラスープに入れ、もやしやにらなどの野菜を足せば韓国風スープに。

らくちん ストック

牛こまぎれ肉の
焼き肉だれ漬け

薬味がきいたパンチのあるたれ。
はちみつ効果で肉がやわらかく！

冷蔵 **4日**

冷凍 **1カ月**

漬けるだけ！

牛こまぎれ肉 ＋
・にんにく
・しょうが
・しょうゆ
・はちみつ
・すり白ごま
・ごま油

\ アレンジ /
韓国風いため物。野菜と合わせてヘルシー！

プルコギ

材料【2人分】
牛こまぎれ肉の焼き肉だれ漬け
　　—— 全量
エリンギ —— 1パック(100g)
ピーマン —— 4個(200g)
玉ねぎ —— 1/2個(100g)
塩、こしょう —— 各少々
ごま油 —— 大さじ1/2

作り方
1　エリンギは食べやすく裂く。ピーマンは1cm幅に、玉ねぎは7mm幅に切る。

2　フライパンにごま油を強めの中火で熱し、牛肉と漬けだれ、1を入れて2〜3分いためる。肉に火が通ったら、塩、こしょうで味をととのえる。途中、焦げそうになったら、水少々を加える。

調理時間
10分

全部で**400g**買ってくる

残り半量は
ストックに
左ページへ！

半量は
夕飯に
このページの
レシピ

合いびき肉

牛肉と豚肉を合わせたもので
それぞれのうまみがたっぷり。
バラバラにしても、かたまりでも
調理法次第でボリューム感が。
肉だねの状態でストックすると便利。

かんたん
クイック

かたまりで焼いて、くずした肉がごろごろ

ごちそうミートソースペンネ

材料【2人分】

合いびき肉 ── 200g
玉ねぎ ── 1/2個（100g）
A｜トマト缶（カット）── 1缶（400g）
　｜トマトケチャップ、ウスターソース
　｜── 各大さじ1
塩、こしょう ── 各適量
オリーブ油 ── 大さじ1
ペンネ ── 200g

作り方

1 玉ねぎは薄切りにする。ひき肉は
　パックに入れたまま手で押し固める。

2 フライパンにオリーブ油を中火で熱
　し、**1**のひき肉をかたまりのまま入れ、
　軽く塩、こしょうを振り、こんがりと
　焼いて上下を返す。フライパンの端
　に寄せ、あいたスペースに玉ねぎを
　加えていためる。

3 肉の両面が焼けて玉ねぎがしんなり
　したら**A**を加え、肉をへらで一口大
　に切り分けてさっとまぜる。煮立った
　ら弱めの中火にし、汁けがほぼなく
　なってソース状になるまで15分ほど
　煮て、塩、こしょうで味をととのえる。

4 なべに湯2ℓを沸かして塩20g（分
　量外）を入れ、ペンネを袋の表示時
　間を目安にゆでる。湯をきって**3**に
　加え、まぜながらさっと煮る。器に
　盛り、好みで粉チーズを振る。

調理時間
10分
※煮込む時間は除く。

クイック **Point!**

ひき肉はパックで押し固めてかたまりに

ごろごろ肉のソースにするために、合いびき肉
をまずひとかたまりに。パックに入ったひき肉
をラップの上からぎゅっと両手で押し固めれ
ば、手を汚さずにまとまります。

材料【2人分】
合いびき肉 — 200g

A ┃ とき卵 — 1/2個分
 ┃ パン粉 — 大さじ2
 ┃ 牛乳 — 大さじ1
 ┃ 塩 — 小さじ1/4
 ┃ こしょう — 適量

作り方
保存袋に **A** を入れ、卵がほぐれるまでもんでしばらくおく。パン粉がやわらかくなったらひき肉を加え、均一になるまでもむ。

ストック

Point!
玉ねぎを加えずアレンジしやすい肉だね

玉ねぎが入っていないハンバーグだね。ハンバーグにするときは、みじん切りの玉ねぎ適量を加えてください。

こんな食べ方も！ ＞＞＞ ＊半分に切ったピーマンの内側にかたくり粉を振り、肉だねを詰めて焼けば、ピーマンの肉詰めに。

合いびき肉だね

いわゆるハンバーグだねをストック。ソースなしでもおいしい塩かげんです

| 冷蔵 | 4日 |
| 冷凍 | 1カ月 |

もみ込むだけ！

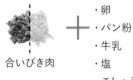

合いびき肉 ＋ ・卵 ・パン粉 ・牛乳 ・塩 ・こしょう

\アレンジ/
なべ1つでできるかんたん重ね煮

巻かないロールキャベツ

材料【2人分】
合いびき肉だね — 全量
キャベツ — 1/2個（500g）
固形スープ（ブイヨン） — 1/2個

作り方
1 キャベツはざく切りにし、熱湯でさっとゆでて冷水にとり、水けをしっかりしぼる。

2 直径18〜20㎝のなべにキャベツ、ひき肉だねを交互に重ね、ぎゅっと押さえる。かぶるくらいの水、固形スープを加え、ふたをして中火にかけ、煮立ったら火を弱めて20分ほど煮る。

| 調理時間 |
| 10分 |

※煮込む時間は除く

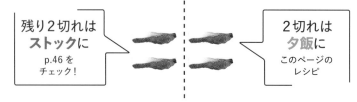

全部で **4 切れ** 買ってくる

残り2切れは
ストックに
p.46を
チェック！

2切れは
夕飯に
このページの
レシピ

季節を問わずに手に入りやすい
キングサーモンや生鮭などを
使って作れるレシピをご紹介。
ストックは洋風メニューにも
アレンジしやすい味つけで。

鮭

かんたん
クイック

ゆずこしょうをプラスして上品な味わいに

鮭のレンジ紙包み蒸し

材料【2人分】

鮭（キングサーモン、生鮭、
　　甘塩鮭など）── 2切れ（200g）
塩 ── 小さじ1/2
こしょう ── 少々
れんこん ── 1節（100g）
ゆずこしょう ── 小さじ2
バター ── 10g
細ねぎ（斜め切り）── 適量

作り方

1 れんこんは5〜7mm厚さの半月切り
にする。鮭は塩をすり込んで5分
ほどおき、塩をさっと洗い流して
キッチンペーパーで水けをふき、こ
しょうを振る（甘塩鮭の場合は不
要）。

2 鮭1切れよりひと回り大きい長方
形に切ったクッキングシートを2枚
用意する。鮭を1切れずつのせ、
れんこん、ゆずこしょう、バターを
半量ずつのせ、両端をねじる。

3 耐熱皿に**2**を1つのせ、ラップをふ
んわりかけて電子レンジで2分30
秒ほど加熱する。同様にもう1つも
加熱し、それぞれに細ねぎを散らす。

▶▶ シートで包んだ状態にしておけば、食べ
るときはレンジ加熱だけですみます。

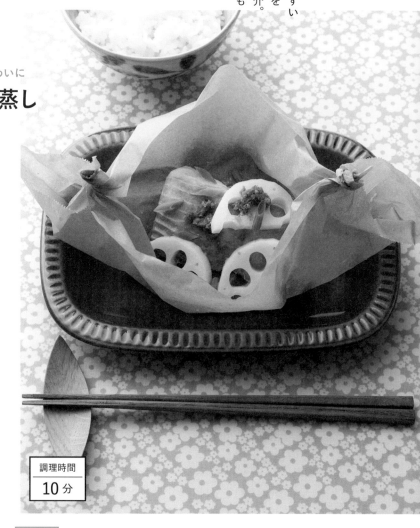

調理時間
10分

クイック **Point!**

肉やほかの魚でも応用できる紙包み蒸し

クッキングシートを使った紙包み蒸しは、応用
のきく調理法。電子レンジからとり出したらす
ぐにラップをはずさず、数分おいて。余熱を考
えて火を通せば、ふんわりやわらかくなります。

かんたん クイック サーモンポテトグラタン

材料【300mℓほどの耐熱容器2個分】

鮭（キングサーモン、生鮭、
　　甘塩鮭など）── 2切れ（200g）
じゃがいも ── 2個（300g）
玉ねぎ ── 1/4個（50g）
卵 ── 1個
生クリーム、牛乳 ── 各60mℓ
塩、こしょう ── 各適量
バター ── 適量

作り方

1 じゃがいもはスライサーで薄切りにし、塩小さじ1/3をまぶす。玉ねぎは薄切りにする。鮭は皮と骨をとって塩小さじ1/2をすり込んで5分ほどおき、塩をさっと洗い流してキッチンペーパーで水けをふき、こしょう少々を振り（甘塩鮭の場合は不要）、あらく刻む。

2 耐熱容器に薄くバターを塗り、じゃがいも、玉ねぎ、鮭を順に重ね、いちばん上がじゃがいもになるようにする。

3 ボウルに卵を割りほぐし、生クリーム、牛乳、塩小さじ1/3、こしょう少々を加えてまぜ、2に注ぐ。200度に予熱したオーブンでじゃがいもに竹ぐしがスッと通るまで20〜30分焼く。

クイック Point!

じゃがいもの薄切りは
スライサーで

スライサーを使うと、ごく薄いスライスが手早くできるのでおすすめ。

▶▶焼き色はつきませんが、電子レンジでも調理OK。ラップをふんわりかけて、1つにつき4〜5分加熱して。

調理時間
10分

らくちん
ストック

鮭のレモンオイル漬け

オイル漬けで、加熱してもしっとり。風味づけにレモンをプラス

材料【2人分】
鮭（キングサーモン、生鮭、甘塩鮭
　など）── 2切れ（200ｇ）
塩 ── 小さじ1/2
レモンの輪切り ── 2切れ
オリーブ油 ── 大さじ2

作り方
鮭は塩をすり込んで5分ほどおき、塩をさっと洗い流し、キッチンペーパーで水けをふく（甘塩鮭の場合は不要）。保存容器や保存袋に入れる。レモン、オリーブ油を加えてなじませ、冷蔵室で1日おく。

冷蔵
3日

冷凍
3週間

ストック　**Point!**

**レモンのスライスは
多すぎると苦みが**

レモンはあくまでもさわやかな風味づけのために入れているもの。入れすぎると苦みが出てしまうので、要注意です。

漬けるだけ！

鮭　＋　・塩
　　　　・レモン
　　　　・オリーブ油

こんな食べ方も！　≫≫　＊魚焼きグリルで焼いて洋風焼き魚に。
　　　　　　　　　　　＊衣をつけて揚げ焼きにしても。

調理時間 10分

\アレンジ❶/

塩ヨーグルトソースと好相性！

鮭とズッキーニのソテー

材料【2人分】

鮭のレモンオリーブオイル漬け —— 全量

ズッキーニ —— 1本（150g）

A｜プレーンヨーグルト（無糖）—— 大さじ1
｜塩 —— 適量

作り方

1 ズッキーニは1cm厚さの輪切りにする。鮭は食べやすく切る。

2 フライパンを中火で熱して1とオイル漬けの油を入れ、両面がこんがりと色づくまで3〜4分焼く。器に盛り、まぜ合わせたAをかけ、好みであらびき黒こしょうを振る。

調理時間 10分

\アレンジ❷/

驚くほどしっとり蒸し上がる鮭が主役のサラダ

蒸しサーモンの冷製サラダ

材料【2人分】

鮭のレモンオリーブオイル漬け —— 全量

玉ねぎ —— 1/6個（35g）

パセリのみじん切り —— 大さじ1

好みの葉野菜（サラダ菜など）—— 適量

作り方

1 耐熱容器に鮭をレモン、オイル漬けの油とともに入れ、ラップをかけて電子レンジで4分ほど加熱し、そのまま冷ます。

2 玉ねぎはみじん切りにして水にさらし、キッチンペーパーなどで包んで水けをしっかりしぼる。

3 器に葉野菜と鮭を盛って1の蒸し汁をかけ、玉ねぎ、パセリを散らす。

▶▶鮭は玉ねぎ、パセリと合わせて蒸し汁ごと冷蔵保存すれば翌日も食べられます。食べる直前に葉野菜と盛って。

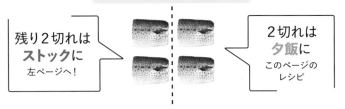

残り2切れは **ストックに**
左ページへ！

2切れは
夕飯に
このページの
レシピ

さば

血液サラサラ効果の高い
DHAやEPAが豊富でヘルシー。
青魚特有のくさみをやわらげ、
うまみをアップさせる
みそ漬けにしてストックします。

残り2切れはストックに 左ページへ！

かんたん **クイック**

魚焼きグリルで一気に調理が完了！

さばと長いもの
ガーリックオイル焼き

材料【2人分】
さば（切り身）── 2切れ（200g）
塩 ── 小さじ1
長いも ── 5cm（120g）
A │ にんにくのすりおろし
　│　── 小さじ1/2
　│ サラダ油 ── 小さじ2

作り方

1 さばは塩をすり込み、5分ほどお
き。塩をさっと洗い流し、キッチン
ペーパーで水けをふく（塩さばの場
合は不要）。長いもは皮をしっか
り洗い、縦に6等分に切る。

2 バットに**A**を入れてまぜ、**1**を加え
てからめ、魚焼きグリルに並べて
こんがりと焼く。両面グリルなら
中火で7〜8分、片面グリルなら4
分ほど焼いて上下を返し、さらに4
分ほど焼く。

▶▶ オイルをからめておいて、食べる直前に
焼きましょう。

調理時間
10分

クイック **Point!**

さばと長いもを同時調理！

魚焼きグリルで魚を焼くときは野菜もいっ
しょに焼くのがおすすめ。長いもは皮をむか
なくてもOK。さばにオイルをからめるとき
は、身がくずれやすいので気をつけて。

材料【2人分】

さば（切り身）……2切れ（200g）※大きめの半身の場合は半分に切る。

《和風みそだれ》（p.58参照）　**A** ┃みそ……40g
┃砂糖……大さじ2
┃みりん……大さじ1

作り方

さばはさっと洗い、キッチンペーパーで水けをふく。まぜ合わせた **A** をからめ、保存容器や保存袋に入れ、冷蔵室で1日おく。

らくちん　ストック

さばのみそ漬け

みそが青魚のくさみを消し、身が締まって扱いやすくなります

冷蔵 **3日**

冷凍 **3週間**

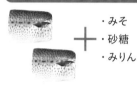

漬けるだけ！

・みそ
・砂糖
・みりん
＋ さば

ストック **Point!**

冷凍したときはレンジ解凍して調理！

半分凍ったまま調理すると身がくずれやすいので、冷蔵室でゆっくり解凍するか、電子レンジで解凍してから使います。

こんな食べ方も！　>>>　＊みそをぬぐい、魚焼きグリルで焼いてほぐし、ごはんにまぜていりごま＆薬味野菜を加えれば、まぜごはんに。

調理時間 **15分**

＼アレンジ／

ストックを使えば味がしみしみ！

さばのごまみそ煮

材料【2人分】

さばのみそ漬け……全量

しょうがのすりおろし……大さじ1/2

すり白ごま……大さじ1

作り方

なべにすべての材料（漬けだれも含む）、水100㎖を入れて中火にかけ、煮立ってきたら弱火にし、落としぶたをして10分ほど煮る。

ぶり

脂がのり、ボリューム満点で
クイック調理でも食べごたえが。
ぶりの濃厚な味わいに負けない
コクのある韓国風みそだれに
漬けてストックします。

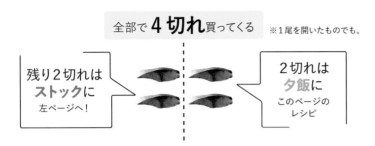

全部で **4切れ** 買ってくる　※1尾を開いたものでも。

残り2切れは
ストックに
左ページへ！

2切れは
夕飯に
このページの
レシピ

残り2切れは **ストック**に 左ページへ！

調理時間
15 分

か　ん　た　ん
クイック

ぶりのおいしさが引き立つシンプルな味つけ

ぶりとピーマンの
オイスターソースいため

材料【2人分】
ぶり —— 2切れ（200g）
塩 —— 小さじ1
小麦粉 —— 適量
ピーマン —— 3個（150g）
しょうがのみじん切り —— 小さじ1
オイスターソース —— 大さじ1
ごま油 —— 小さじ1

作り方

1　ぶりは塩をすり込み、5分ほどおく。
　　塩をさっと洗い流し、キッチンペー
　　パーで水けをふき、2〜3cm角に切
　　る。ピーマンは食べやすい大きさ
　　に切る。

2　ぶりに小麦粉をまぶし、余分な粉
　　を落とす。フライパンにしょうが、
　　ごま油を入れて中火にかけ、香り
　　が立ったらぶりを並べ入れ、両面を
　　2〜3分ずつこんがりと焼く。

3　ぶりにほぼ火が通ったらピーマン
　　を加えてさっといため、オイスター
　　ソースを加えてからめるようにいた
　　める。

クイック　**Point!**

調理前にくさみとりの下ごしらえを

魚を調理する前にくさみをとりましょう。塩を振り、
しばらくおいてから洗い流すと塩けも加わって、シン
プルな味つけでもおいしく仕上がります。魚自体に
塩けをつけたくない場合は、さっと洗うだけでOK。

ぶりの韓国風みそだれ漬け

ぶりの個性に負けない
コチュジャンの辛みとうまみを合わせます

材料【2人分】

ぶり —— 2切れ（200g）

塩 —— 小さじ1/2

A みそ —— 大さじ3

コチュジャン
—— 大さじ1/2

みりん —— 大さじ2

しょうがのすりおろし、
にんにくのすりおろし
—— 各小さじ1/2

作り方

1 ぶりはさっと洗い、キッチンペーパーで水けをふく。

2 まぜ合わせたAをからめ、保存容器や保存袋に入れて冷蔵室で1日おく。

冷蔵 **3日**

冷凍 **3週間**

ストック Point!

腹側と背側は好みでチョイス

皮が白い腹側は脂が多い部分。皮が黒い背側はさっぱりしています。煮物には腹側が向いていますが、ストックにはどちらでも好みで選んで。

こんな食べ方も！ ＊みそだれを軽くぬぐって焼く。焦げに注意！

漬けるだけ！

ぶり ＋ ・みそ
・コチュジャン
・みりん
・しょうが
・にんにく

\ アレンジ /

ピリ辛風味でごはんやお酒がすすむ！

韓国風ぶり大根

材料【2人分】

ぶりの韓国風みそだれ漬け —— 全量

大根 —— 10cm（300g）

作り方

1 大根は1cm厚さの半月切りにする。ぶりは食べやすく切る。

2 小さめのなべに大根とかぶるくらいの水を入れ、中火にかける。煮立ったら弱火にし、竹ぐしがスッと通るまでゆでる。

3 ゆで汁を捨て、ぶりと漬けだれ、水100mlを加える。落としぶたをし、ぶりに火が通るまで煮て、仕上げに軽く煮詰める。

調理時間 **15分**

残り半量は
ストックに
p.54 を
チェック！

半量は
夕飯に
このページの
レシピ

えびまたはいか **400g** 買ってくる

えび・いか

加熱しすぎるとかたくなる
えび、いかは火をさっと通して。
えびは背わたの処理ずみなら手軽。
下味をつけてストックすると
失敗なく調理できます。

かんたん クイック

えびの人気メニューを気軽に作れる！

えびチリ

材料【2人分】

えび（ブラックタイガー、バナメイなど）
　…… 200g

かたくり粉 …… 小さじ1/2

ねぎのみじん切り …… 大さじ2

サラダ油 …… 大さじ1

《チリソース》

ごま油 …… 大さじ1/2

豆板醤 …… 小さじ1/3

A ┃ しょうがのみじん切り、にんにく
　　　のみじん切り …… 各小さじ1/2

B ┃ トマトケチャップ、しょうゆ
　　　…… 各大さじ1
　　　砂糖、酢 …… 各大さじ1/2
　　　水 …… 70㎖（約1/3カップ）

C ┃ かたくり粉 …… 小さじ1
　　　水 …… 小さじ2

※チリソースは市販のえびチリ用ソース（レトルト
など）で代用可（スイートチリソースとは味が違
うので注意）。

調理時間 15分

クイック Point!

チリソースは
家にある調味料で作れる

チリソースは手作りできるの
で（作り方 **3**）、作りおきし
ておくと時短に。ゆで野菜
にかけたり、いため物の調
味料にも使えます。

作り方

1 えびは殻をむき、尾と背わたをとっ
て洗い、水けをキッチンペーパーな
どでふき、かたくり粉をまぶす。

2 フライパンにサラダを中火で熱し、
1 を入れて両面を焼く。火がほぼ
通ったら火を止めてとり出す。

3 フライパンにごま油、豆板醤を入れ
て中火にかけ、豆板醤の香りが立っ
たら**A**を加えてさっといためる。**B**
を加え、さっと煮立ててまぜ、まぜ
合わせた**C**を加えてとろみをつける。

4 えびを戻し入れてねぎを加え、さっ
と煮立ててまぜる。

食べごたえのあるエスニック系あえ物

ゆでいかとセロリのすし酢あえ

材料【2人分】
いか（冷凍でも可）…… 200g
セロリ …… 1/2本（50g）
ピーナッツ …… 大さじ2
すし酢（市販）…… 大さじ2

※すし酢（合わせ調味料）を手作りする場合は、
p.112参照。

作り方

1 いかは食べやすい大きさに切る。
セロリは、茎は3mm厚さの斜め切り
に、葉はざく切りにする。ピーナッ
ツはあらく刻む。

2 なべに湯を沸かし、いかを入れて
色が白くなるまで2分ほどゆで、ざ
るに上げて湯をきる。

3 ボウルにセロリ、**2**、すし酢を入れ
てあえる。器に盛り、ピーナッツを
散らす。

▶▶▶ 少し時間をおくと、すし酢がなじんで味
わい深くなる。ピーナッツは仕上げに
散らして。

調理時間
10分

残りのえびまたはいか 200g（← p.52参照）を使って…

200g（← p.52参照）

塩とオリーブ油の力で
うまみをしっかりとじ込めて

えび・いかの塩オイル漬け

冷蔵
3日

冷凍
3週間

漬けるだけ！

 　＋　・塩
・オリーブ油

えびまたはいか

ストック　Point!

**塩けがつくように
塩、オリーブ油を順に加えて**

オリーブ油を先に加えてしまうと、
えびやいかをコーティングしてしま
い、塩を振っても味が入りません。
塩を振ってから油をからめるように
しましょう。

材料【2人分】
えび（またはいか）── 200g ※えびといかを合わせて計200gでも可。
塩 ── 小さじ1/3
オリーブ油 ── 小さじ2

作り方
えびは殻をむき、背わたをとって洗い、キッチンペーパーなどで水
けをふく（いかの場合は食べやすく切る）。保存容器や保存袋に入
れて塩を振ってまぜ、オリーブ油をからめて冷蔵室で一晩おく。

こんな食べ方も！ ≫
＊にんにくのみじん切りとともに、やや多めの油でシンプルにいためてアヒージョ風に。
＊赤とうがらしとにんにくのみじん切りといため、ゆでたパスタにからめてペペロンチーニに。

54

調理時間 **10分**

\アレンジ❶/

ストック時の調味料だけで味がバッチリ決まる

えびとブロッコリーの塩オイルいため

材料【2人分】

えびの塩オイル漬け ── 全量

ブロッコリー ── 1/2個（150g）

サラダ油 ── 大さじ1/2

塩、こしょう ── 各少々

作り方

1 ブロッコリーは小房に分ける。

2 フライパンに湯を沸かして**1**をさっとゆで、ざるに上げて湯をきる。

3 フライパンにサラダ油を中火で熱し、えび、オイル漬けの油、ブロッコリーを入れてえびに火が通るまでいため、塩、こしょうで味をととのえる。

調理時間 **10分**

\アレンジ❷/

さっぱりしていてごはんにもパンにもよく合います

えびといかのドレッシング煮

材料【2人分】

えび・いかの塩オイル漬け ── 計200g

玉ねぎ ── 1/2個（100g）

A | 酢 ── 大さじ2

　　 | 塩 ── 小さじ1/4

　　 | サラダ油 ── 大さじ2

作り方

1 玉ねぎは薄切りにする。

2 なべに**1**、**A**、水50mlを入れて中火にかける。

3 煮立ったら弱火にし、えび、いか、オイル漬けの油を加えて3分ほど煮る。器に盛り、好みであらびき黒こしょうを振る。

▶▶冷めてもおいしい！ 冷蔵で4日保存可能。

刺し身を使った スーパー クイック メニュー

買ってきてすぐ食べられる刺し身は、忙しい日の強い味方!
いろいろな食べ方を知っておけば、頼れるお助けメニューに。

オリーブ油を加えてイタリア風に!

サーモンの洋風漬け

材料【2人分】
サーモン(刺し身用)── 150g
薬味(細ねぎ、貝割れ葉、みょうが
　　など)── 適量
めんつゆ(市販 /3倍濃縮)── 大さじ1
オリーブ油 ── 大さじ1/2
※めんつゆ(合わせ調味料)を手作りする場合は、
p.112参照。

作り方

めんつゆ、オリーブ油は水
大さじ1/2とまぜ合わせ、
ぶつ切りにしたサーモンに
からめて5分ほどおく。薬
味は小口切りにする。器に
漬け汁ごとサーモンを盛り、
薬味をのせる。

人気のスペインタパス。野菜を加えて栄養満点

たこのスペイン風

材料【2人分】
ゆでだこ ── 150g
きゅうり ── 1本(100g)
パプリカ(赤)── 1/3個(50g)
A | 塩、一味とうがらし ── 各適量
　　| オリーブ油 ── 大さじ1弱

作り方

1 たこ、きゅうり、パプリカは
乱切りにする。

2 器に盛り、まぜ合わせた **A**
をかける。

シンプルだけれどぜいたくな一品。お茶のかわりにだしでも

たいのごましょうゆ茶漬け

材料【2人分】
たい（刺し身用）── 100g
A ｜ すり白ごま、しょうゆ
　　　── 各大さじ1
ねりわさび ── 適量
あたたかいごはん ── 茶わん2杯分
お茶（緑茶、ほうじ茶など）── 適量

作り方

1 たいは薄いそぎ切りにし、**A** をからめる。

2 器にごはんを盛り、**1**、わさびをのせ、お茶を注ぐ。

アボカドと合わせ、こってりした味わいに

まぐろとアボカドのわさび風味

材料【2人分】
まぐろ（刺し身用）── 100g
アボカド ── 小1個（150g）
A ｜ しょうゆ ── 小さじ2
　　　ねりわさび ── 小さじ1/2

作り方

まぐろ、アボカドは2cm角に切り、**A** をからめる。

たっぷりの薬味を加えて味もボリュームもアップ

あじのたたき

材料【2人分】
あじ（刺し身用）── 150g
ねぎのみじん切り ── 大さじ1
しょうがのすりおろし ── 小さじ1
にんにくのすりおろし ── 小さじ1/3
青じそ ── 2枚
しょうゆ ── 適量

作り方

1 あじはこまかく刻み、ねぎ、しょうが、にんにくとまぜ合わせる。

2 器に青じそを敷いて**1**を盛り、しょうゆをかける。

1章で活用したストック用の漬けだれは、さまざまな使い方ができるので
作りおきしておいても便利。なかでも使い勝手のいい3種類を紹介します。
※どのたれも、すべての材料をまぜ合わせればでき上がり。

冷蔵
1週間

焼き肉だれ

材料【約150㎖分】
しょうゆ —— 大さじ5
はちみつ、すり白ごま —— 各大さじ2
にんにくのすりおろし、
　　しょうがのすりおろし —— 各小さじ2
ごま油 —— 大さじ1

\ こんな使い方も！ /
・焼き肉のたれに
・いため物の味つけに
・サラダのドレッシングに
・脂が多い魚（さば、ぶりなど）の漬けだれに

本書使用レシピ
ストック
p.41…牛こまぎれ肉の
　　焼き肉だれ漬け

↓
アレンジ　p.41…プルコギ

冷蔵
2週間

ハニーマスタードだれ

材料【約100㎖分】
はちみつ、粒マスタード —— 各大さじ3
塩 —— 小さじ1

\ こんな使い方も！ /
・鶏肉、豚肉の漬けだれに
・鮭、ぶりなど魚の漬けだれに
・温野菜のドレッシングに
・サンドイッチのソースに

本書使用レシピ
ストック
p.39…豚厚切り肉の
　　ハニーマスタード漬け

↓
アレンジ
p.39…豚肉ときのこのクリーム煮

冷蔵
2週間

和風みそだれ

材料【約150㎖分】
みそ —— 80g（大さじ4と1/2）
砂糖 —— 大さじ4
みりん —— 大さじ2

\ こんな使い方も！ /
・各種肉、魚、野菜の漬けだれに
・とうふやゆで卵、チーズを漬けても
・いため物の味つけに

本書使用レシピ
ストック
p.49…さばのみそ漬け

↓
アレンジ
p.49…さばのごまみそ煮

2章

野菜のおかず
クイック&
ストックレシピ

毎日たっぷりと食べたいのが
野菜中心の副菜。
あれこれ買ってきてみたけれど
使わずに結局、傷んでしまった……
なんて、もったいない!
夕飯でも使いながら
残りはストックに回すしくみで
おいしく、賢く活用しましょう。
1章の肉・魚おかずと組み合わせれば
あっという間に満足度の高い
献立ができ上がります。

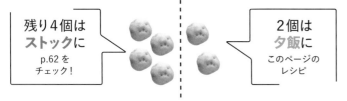

全部で**6個**買ってくる

残り4個は
ストックに
p.62を
チェック!

2個は
夕飯に
このページの
レシピ

じゃがいも

すりおろしてスープにしたり
蒸し煮にしたりすれば
パッと調理できる、隠れ時短素材。
まるごと蒸して保存すると便利ですが
マッシュして冷凍ストックも可能に。

かんたん
クイック

すりおろしのとろみでやさしい口当たり

おろしじゃがいものスープ

材料【2人分】

じゃがいも —— 2個（300g）
ねぎ —— 1/2本（60g）
固形スープ（ブイヨン）—— 1個
牛乳 —— 300㎖
塩、こしょう —— 各少々
バター —— 5g

作り方

1 ねぎは薄い小口切りにする。

2 なべにバターを入れて中火にかけ、
とけて泡立ってきたら**1**を加えて
さっといためる。固形スープ、水
300㎖を加え、煮立ったら火を弱
めて3分ほど煮る。

3 じゃがいもはすりおろす。

4 **2**に牛乳を加え、あたたまったら
3を加えて煮る。全体にとろみが
ついたら、塩、こしょうで味をとと
のえる。

※じゃがいもの種類によって、とろみに差が出
ます。

調理時間
15分

クイック **Point!**

すりおろすと早く煮えてとろみもつく

じゃがいもはすりおろすと火の通り
が早くなり、スープのとろみづけに
も最適。変色を防ぐため、加える直
前にすりおろして。

調理時間
10分

スパイス蒸し煮で簡単インド風！

じゃがいものサブジ風

材料【2人分】

じゃがいも —— 2個（300g）
にんにくのみじん切り —— 小さじ1/3
しょうがのみじん切り —— 小さじ1/2
カレー粉 —— 大さじ1/2
塩、こしょう —— 各少々
サラダ油 —— 大さじ1/2

作り方

1 じゃがいもは2cm角に切る。

2 フライパンにサラダ油、にんにく、しょうが、カレー粉を入れてまぜ、中火にかける。香りが立ったら**1**を加え、さっといためる。

3 水大さじ3を加えてふたをし、弱火で3〜4分蒸し煮にする。ふたをとって火を強め、余分な水分をとばすようにいため、塩、こしょうで味をととのえる。

クイック **Point!**

**蒸し煮にすれば
ラクにほくほく食感**

少量の水分でも、ふたをしっかりして弱火で蒸し煮にすれば、じゃがいものような厚みのある食材でも手早くほっくりとした食感に。

残りのじゃがいも 4個（← p.60参照）を使って…

4個（← p.60参照）

材料【2人分】
じゃがいも …… 4個（600g）

作り方

1. じゃがいもは皮ごとよく洗い、軽く水けをきる。1つずつラップでふんわりと包み、電子レンジで4分ほど加熱し、上下を返してさらに4分ほど加熱する。

2. あら熱がとれたら、ラップをしたまま保存袋に入れる。

らくちん ストック

皮つきポテトのレンジ蒸し

電子レンジ加熱だと驚くほどラク。皮ごとならムラなく蒸せます

冷蔵 **4日**

冷凍 **3週間**

電子レンジで加熱するだけ！

じゃがいも

ストック **Point!**

冷凍するときはマッシュ状に

冷凍するときは、皮をむいてフォークでつぶすか袋でもみつぶし、マッシュポテトの状態で。冷ましてから保存袋に薄く平らに入れ、3週間ほど冷凍保存できます。

バジルポテサラ

材料【2人分】と作り方
冷凍マッシュポテト300g（2個分）を電子レンジで熱くなるまで加熱する。あら熱をとり、バジルペースト（市販）大さじ1、マヨネーズ大さじ2を加えてあえる（あえにくい場合は牛乳少々を足すとよい）。

こんな食べ方も！ ＞＞＞

＊輪切りにしてあたため、バジルペーストや塩辛、ねりみそなど塩味の強いものをのせるとおつまみ風にも。

ほっくりいもにたらマヨソースをたっぷりかけて！

ポテトのたらこマヨ

材料【2人分】
皮つきポテトのレンジ蒸し ── 2個
たらこ（ほぐしたもの）── 大さじ1
マヨネーズ ── 大さじ2

作り方

1 じゃがいもは皮をむき、耐熱皿にのせてラップを
ふんわりとかけ、電子レンジで熱くなるまで加熱
する。

2 器に盛り、たらこ、マヨネーズをまぜ合わせてか
ける。

▶▶熱々のほうがおいしいので、食べる直前に調理して。

調理時間
5分

中はほくっ＆外はカリッとした食感が手早く完成！

ジャーマンポテト

材料【2人分】
皮つきポテトのレンジ蒸し ── 2個
ハーフベーコン ── 4枚
玉ねぎ ── 1/3個（70g）
にんにく ── 1/2かけ
塩、こしょう ── 各少々
サラダ油 ── 大さじ1/2

作り方

1 じゃがいもは皮ごとくし形に切る。玉ねぎは5mm
厚さ、にんにくは2mm厚さに切る。ベーコンは2
cm幅に切る。

2 フライパンにサラダ油、にんにく、じゃがいもを
入れて中火にかけ、3〜4分いためる。じゃがい
もが色づいてきたら、ベーコン、玉ねぎを加えて
さらに2分ほどいためる。玉ねぎがしんなりして
きたら、塩、こしょうで味をととのえる。

3 器に盛り、好みであらびき黒こしょうを振る。

調理時間
15分

じゃがいもは玉ねぎより先にいため始めて
じゃがいもと玉ねぎを同時に入れていためると、玉ねぎから出る水分をじゃ
がいもが吸ってべちゃべちゃに。先にじゃがいもをいためるのが正解！

時短調理のポイントは切り方。斜め切りや薄切りにすれば火が通りやすくなるからです。にんじんをストックしてマリネでストックしてにんじん本来の甘みを楽しんで。

全部で**大2本**買ってくる

残り1本は
ストックに
p.66を
チェック！

1本は
夕飯に
このページの
レシピ

か ん た ん
クイック

大きめをじっくり蒸し煮で甘みを引き出して

にんじんのオイル蒸し焼き

材料【2人分】
にんじん ⋯⋯ 大1本（200g）
オリーブ油 ⋯⋯ 大さじ1/2
塩、あらびき黒こしょう ⋯⋯ 各少々

作り方

1 にんじんは大きめの乱切りにする。

2 フライパンにオリーブ油を引き、**1**を入れて水大さじ2を加え、ふたをして弱めの中火で10分ほど蒸し焼きにする。

3 水分がほぼなくなってきたらふたをとり、強めの中火にして焼き色をつける。器に盛り、塩、こしょうを振る。

クイック **Point!**

大きく斜めに切って
火の通りをアップ

にんじんを早く加熱するためには、切り口を大きく斜めの乱切りに。大ぶりなのに短時間ででき上がります。

調理時間
15分

調理時間
10分

かんたん
クイック

甘みの中にピリリとした辛さが絶妙！

にんじんの粒マスタードいため

材料【2人分】
にんじん —— 大1本（200g）
粒マスタード —— 大さじ1
塩、こしょう —— 各少々
オリーブ油 —— 大さじ1/2

作り方

1　にんじんは5mm厚さの半月切りにする。

2　フライパンにオリーブ油を引き、**1**を入れて中火にかけ、4～5分いためる。粒マスタードを加えてまぜ合わせ、塩、こしょうで味をととのえる。

▶▶冷めてもおいしい！ サラダ感覚で食べてみて。

クイック **Point!**

味がパッと決まる！
粒マスタード

粒マスタードは、辛みや独特の酸味とコクが料理のアクセントに。加えるだけで味が決まる便利食材です。

← p.64参照

らくちん ストック

キャロットラペ

酸味がにんじんの甘みの引き立て役。
目にもあざやかで食卓がおしゃれに♪

材料【2人分】
にんじん ── 大1本（200g）
A ┌ 酢 ── 大さじ1
│ 塩 ── 小さじ1/3
│ サラダ油 ── 大さじ2弱
└ こしょう ── 適量

作り方
1 にんじんはせん切りにする。

2 保存容器に入れて**A**を加え、
全体になじむまでまぜ合わ
せる。

冷蔵
4日

冷凍
NG

ストック **Point!**

**スライサーを使えば
せん切りもラク**

せん切り用のスライ
サーを用いると、簡単
にきれいなせん切りに
んじんができるのでお
すすめです。

漬けるだけ！

にんじん ＋ ・酢
・塩
・サラダ油
・こしょう

こんな食べ方も！ ≫ ＊そのまま肉料理のつけ合わせなどにおすすめ。
＊ピーナッツバター少々であえてもおいしい！

\アレンジ❶/
にんじんとざくざくナッツの歯ごたえを楽しんで

にんじんと刻みナッツの白あえ

材料【2人分】

キャロットラペ ── 半量

木綿どうふ（かためのもの）── 1/4丁（75g）

A 砂糖 ── 小さじ1
　　しょうゆ ── 小さじ1/2

ミックスナッツ（あらく刻んだもの）── 小さじ2

作り方

1 とうふはキッチンペーパーで包み、手でぎゅっと水けをしぼる。ボウルに入れ、なめらかになるようにゴムべらなどでよくねる。

2 にんじんの汁けをしぼり、**A**とともに**1**に加えてまぜ合わせる。器に盛り、ナッツを散らす。

調理時間
10分

とうふは水けをしっかりしぼること

とうふの水きりが甘いと水っぽくなるので、しっかりとしぼること。かためのとうふのほうが扱いやすい。

\アレンジ❷/
フルーツを合わせてフレッシュなサラダに

にんじんとフルーツのマリネサラダ

材料【2人分】

キャロットラペ ── 半量

オレンジ ── 1個（正味200g）

レーズン ── 大さじ3

作り方

1 オレンジはくし形に切り、皮と薄皮をむいて食べやすく切る。

2 ボウルに、にんじん、**1**、レーズンを入れてまぜ合わせる。

▶▶冷蔵で3日ほど保存可能。

調理時間
8分

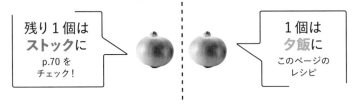

全部で**大2個**買ってくる

残り1個は
ストックに
p.70を
チェック！

1個は
夕飯に
このページの
レシピ

かん**たん** **クイック**

甘〜い焼き玉ねぎにバターポン酢の風味がマッチ

玉ねぎステーキ バターポン酢

材料【2人分】

玉ねぎ ─ 大1個（250g）
ポン酢しょうゆ ─ 大さじ1と1/2
バター ─ 10g
サラダ油 ─ 小さじ1
削り節 ─ 1パック

作り方

1 玉ねぎは1.5cm厚さの輪切りにする。

2 フライパンにサラダ油を中火で熱し、**1**を並べ入れる。火を弱めてふたをし、3分ほど加熱する。

3 ふたをとり、玉ねぎの上下を返してさらに3分ほど焼く。火を強めてバターを加え、とけて泡立ったらポン酢しょうゆを回しかけ、全体にからめる。器に汁ごと盛り、削り節をのせる。

クイック **Point!**

さわやかなコクを出すなら
バター×ポン酢！

バターを一気にとかしてポン酢しょうゆを加えると、コクがありながらもさわやかな風味のお手軽ソースに。

調理時間
10分

調理時間
15分
※煮込む時間は除く。

ベーコンのうまみを吸った玉ねぎがとろける味わい

かんたん
クイック 玉ねぎとベーコンのスープ煮

材料【2人分】
玉ねぎ ── 大1個(250g)
ベーコン ── 2枚
固形スープ(ブイヨン) ── 1個
こしょう ── 少々
粉チーズ ── 大さじ1

作り方

1 玉ねぎは6〜8等分のくし形に切り、電子レンジで3分30秒ほど加熱する。ベーコンは3cm幅に切る。

2 なべに玉ねぎと水300ml、固形スープ、こしょうを入れて弱火にかけ、玉ねぎがやわらかくなるまで15〜20分煮る。ベーコンを加えてさっと煮て、器に盛って粉チーズを振り、好みであらびき黒こしょうを振る。

クイック Point!

電子レンジ加熱で
簡単下ごしらえ

玉ねぎは厚めのくし形に切ると食べごたえが。なべで煮る前に、切った玉ねぎを電子レンジで加熱しておくと、火の通りが早くなります。

（← p.68参照）

らくちん
ストック

玉ねぎのドレッシングマリネ

玉ねぎの独特の辛みがマイルドに。
汁ごとドレッシングがわりにも。

材料【2人分】
玉ねぎ ── 大1個（250g）
A｜酢 ── 大さじ2
　｜塩 ── 小さじ1/3
　｜サラダ油 ── 大さじ2
　｜こしょう ── 適量

作り方

1 玉ねぎはスライサーなどでごく薄く切る。

2 耐熱容器に入れ、ラップをかけて電子レンジで1分30秒〜2分加熱する。熱いうちに、まぜ合わせたAを加えてまぜる。

冷蔵
1週間

冷凍
NG

ストック **Point!**

電子レンジ加熱で
玉ねぎの辛みを消して

電子レンジで加熱することで、玉ねぎの独特の辛みを抑えることができ、食べやすくなります。

まぜるだけ！

玉ねぎ
＋
ドレッシング
（酢、塩、サラダ油、こしょう）

こんな食べ方も！
＊ひじきとあえて、さっぱりサラダに。
＊鶏もも肉とともに電子レンジで加熱し、好みのたれをプラスしても。

＼アレンジ❶／
ストックマリネがドレッシングがわりに！

ハムとアボカドの
フレッシュオニオンソース

材料【2人分】
玉ねぎのドレッシングマリネ ── 半量
ロースハム（薄切り）── 8〜10枚
アボカド ── 1個（200g）
あらびき黒こしょう ── 少々

作り方

1 アボカドは食べやすく切る。半分に折ったハムとともに器に盛る。

2 玉ねぎを汁ごとのせ、こしょうを振る。

▶▶「玉ねぎのドレッシングマリネ」は食べる直前にのせるほうがおいしい。

調理時間
5分

＼アレンジ❷／
香ばしい厚揚げをさっぱり食べたいときに

カリカリ厚揚げの
玉ねぎだれあえ

材料【2人分】
玉ねぎのドレッシングマリネ ── 半量
厚揚げ ── 2枚（500g）
細ねぎの小口切り ── 適量

作り方

1 厚揚げは魚焼きグリルでカリッとするまで焼く。

2 器に盛り、玉ねぎを汁ごとのせて細ねぎを散らす。

▶▶厚揚げは食べる直前に焼くほうが、カリッと感を味わえます。

調理時間
10分

トマト

生のままでも食べられるので
時間がないときに頼れる便利食材。
カットして生のまま冷凍すると
うまみがアップして
幅広い調理に活躍します。

全部で大2個買ってくる

残り1個は
ストックに
p.74を
チェック！

1個は
夕飯に
このページの
レシピ

残り1個は
ストックに
p.74を
チェック！

かんたん
クイック

甘いトマトと相性のいいごま油で香りよく仕上げて

トマトとわかめのナムル

材料【2人分】
トマト —— 大1個（250g）
わかめ（乾燥）—— 大さじ1
A | ごま油 —— 大さじ1/2
　 | 塩 —— 小さじ1/4
　 | にんにくのすりおろし —— 少々
すり白ごま —— 小さじ1/2

作り方

1 トマトは3cm角に切る。わかめは
　水でもどし、水けをきって食べや
　すい大きさに切る。

2 ボウルに**1**を入れ、**A**を加えてま
　ぜ、器に盛ってごまを振る。

▶▶時間がたつとトマトから水分が出やす
　いので、食べる直前に作って。切る必
　要がなく、水分も出ないミニトマトにか
　えて作っても。

クイック　**Point!**

加熱しないですむので
調理時間を大幅カット

トマトは、加熱なしで食べられる時
短食材。わかめといっしょに調味料
であえれば、ラクに1品完成！

調理時間
5分

調理時間
5分

かんたん
クイック

ヘルシーなメキシコ風に冷ややっこをアレンジ！

トマトサルサの冷ややっこ

材料【2人分】

トマト —— 大1個（250g）

ピーマン —— 1個（50g）

玉ねぎ —— 1/6個（35g）

A | 塩 —— 小さじ1/2
一味とうがらし —— 少々
オリーブ油 —— 大さじ1と1/2

絹ごしどうふ —— 1丁（300～350g）

作り方

1 トマトは横半分に切ってスプーンで種をとり、8mm角に切る。ピーマンはあらいみじん切りにする。玉ねぎはみじん切りにして水にさらし、水けをしぼる。

2 ボウルに1、Aを入れてまぜ合わせる。

3 とうふをスプーンですくって器に盛り、2をかける。

クイック Point!

とうふは切らずに
スプーンですくえばラク

包丁で切るとくずれやすい、絹ごしどうふ。スプーンでざっくりとすくえばきれいに盛れて断面が多くなり、味もしみやすくなります。

73

らくちん
ストック

冷凍塩トマト

塩の力で水分を出し、うまみをさらに凝縮！
そのままスープやいため物に使える

材料【2人分】

トマト …… 大1個（250g）

塩 …… 小さじ1/3

作り方

トマトはざく切りにして保存袋に入れ、塩を加えて袋ごと軽くもみ、まぜる。袋の中の空気を抜いて薄く平らにし、冷凍室に入れる。

冷凍
3週間

ストック **Point!**

冷蔵保存や解凍後の生食は避けて

水分が多く出るので傷みが早く、冷蔵保存には向きません。また、解凍して生で食べると食感が悪いので、加熱調理して使いましょう。

塩もみして冷凍するだけ！

 ＋ 塩

トマト

こんな食べ方も！ ＞＞ ＊冷凍のまま電子レンジで加熱し、へらなどでつぶせば即席トマトソースに。
＊ラタトゥイユ、トマト煮、パスタソースなど煮込み用に。

\アレンジ❶/

にんにくの香りがきいたスペイン風スープ

ソパ・デ・アホ

材料【2人分】
冷凍塩トマト —— 全量
にんにくのみじん切り —— 小さじ1
卵 —— 2個
固形スープ（ブイヨン） —— 1個
塩、こしょう —— 各少々
オリーブ油 —— 大さじ1

作り方

1 なべにオリーブ油、にんにくを入れて中火で熱し、香りが立ったら、トマトを凍ったまま加えてさっといためる。固形スープ、水300mlを加え、弱火にして3分ほど煮る。

2 塩、こしょうで味をととのえ、卵を割り入れて半熟になったら火を止める。

調理時間
10分

トマトをいためるときに水分のはねに注意！
トマトを煮る前にいためることで、酸味をとばす効果が。ただし、トマトの水分が油ではねやすいので、さっといためて。

\アレンジ❷/

手早くいためるのがおいしさの秘訣

トマトとレタスの
中華風いため

材料【2人分】
冷凍塩トマト —— 全量
レタス —— 1/2個（150g）
しょうゆ、こしょう —— 各少々
ごま油 —— 大さじ1/2

作り方

1 レタスは一口大にちぎる。

2 フライパンにごま油を中火で熱し、トマトを凍ったまま入れて熱くなるまでさっといためる。**1**を加えて軽くしんなりさせ、しょうゆ、こしょうで味をととのえる。

▶▶作りたてがおいしいので、食べる直前に調理して。

調理時間
8分

全部で**4個**買ってくる

残り2個は
ストックに
p.78を
チェック！

2個は
夕飯に
このページの
レシピ

なす

水分が多く、さっと加熱するだけで味のなじみもいい、使いやすい野菜。電子レンジで蒸しなすにしておけばしっとりしてとろんとした味わいをすぐに楽しめます。

か ん た ん
クイック

オリーブオイルのひとたらしでデリ風に！

なすのめんつゆ煮

材料【2人分】
なす ┈ 2個（200g）
めんつゆ（市販 /3倍濃縮）
　　┈ 大さじ1と1/2
オリーブ油 ┈ 大さじ1
※めんつゆ（合わせ調味料）を手作りする場合は、p.112参照。

作り方

1　なすは1cm厚さの輪切りにする。フライパンに入れてオリーブ油、水大さじ1を加え、中火で熱してふたをし、2分ほど蒸し焼きにする。

2　なすがしんなりしたらふたをとり、火を強めて焼き色をつけ、めんつゆを加えてさっと煮る。

▶▶冷めると、さらに味がなじんでおいしい。

クイック　**Point!**

油の吸いすぎ防止に
水分を吸わせておく

なすを少ない油でいためるには、油とともに水を加えましょう。なすが水分を吸うことで油を吸いにくくなり、きれいに仕上げられます。

調理時間
8分

かんたん クイック なすとみょうがのおかかあえ

材料【2人分】

なす —— 2個（200g）
みょうが —— 3個
塩 —— 小さじ1/2
削り節 —— 1パック（3〜5g）
しょうゆ —— 少々

作り方

1 なす、みょうがは縦半分に切って5mm厚さの斜め薄切りにする。

2 ポリ袋に**1**、塩を入れ、袋の上からよくもみ、冷蔵室に入れて15分ほどおく。

3 袋のままぎゅっとしぼって汁けをきり、削り節を加えてからめる。器に盛り、しょうゆをかける。

▶▶しょうゆは食べる直前にかけて。

クイック Point!

「ポリ袋で真空風」が
もみ漬けに効果的

切った材料を袋に入れ、できるだけ空気を抜いた状態で袋の上からもみ込むと、手早く味がなじみます。

調理時間
5分

材料【2人分】
なす …… 2個（200g）

作り方

1 なすは皮をむき、1個ずつ
　ラップに包む。

2 2個いっしょに電子レンジで
　3分ほど加熱する。ラップの
　まま冷まし、保存容器や保
　存袋に入れる。

らくちん
ストック

なすのレンジ蒸し

電子レンジで蒸せば簡単！
そのままでも調理しても食べられる

冷蔵
3日

冷凍
NG

ストック **Point!**

まとめてのレンジ加熱は
個数に注意

なすをまとめて電子レンジ
で加熱する場合、2個まで
はOK。それ以上の個数だ
と加熱時間が長くなり、熱
がゆるゆる伝わって色が悪
くなるため、2個以下で数
回に分けましょう。加熱後
はラップのまま保存すると
乾きません。

電子レンジで蒸すだけ

なす

こんな食べ方も！ ≫≫
*みじん切りにし、ツナ、マヨネーズ、オリーブ油をまぜれば、簡単ディップに。
　パンにのせて食べる。
*食べやすく切り、ねりごま、みそ、酢各少々をまぜたたれであえても。

\アレンジ❶/
にんにくと香辛料をきかせるのがギリシャ風

なすのギリシャ風マリネ

材料【2人分】
なすのレンジ蒸し ── 2個
A｜にんにくの薄切り ── 3切れ
　｜酢 ── 大さじ1
　｜白ワイン ── 大さじ1と1/2
　｜塩 ── 小さじ2/3
　｜オリーブ油 ── 大さじ1と1/2
　｜こしょう ── 適量

作り方

1 なすは1.5cm厚さの輪切りにする。

2 なべにAを入れて弱火にかけ、煮立ってにんにく
の香りが立ったら1を加える。弱火で1〜2分煮
て火を止め、そのまま冷ます。

▶▶冷めた状態でそのまま食べて。冷やしてもおいしい！
冷蔵で2日ほど保存可能。

\アレンジ❷/
加熱いらずで、ピリ辛だれであえるだけ

なすの四川風

材料【2人分】
なすのレンジ蒸し ── 2個
A｜にんにくのみじん切り ── 小さじ1/3
　｜ねぎのみじん切り ── 大さじ1
　｜豆板醤 ── 少々
　｜しょうゆ、酢 ── 各小さじ2
　｜砂糖 ── 1つまみ
　｜粉ざんしょう ── 適量

作り方

1 なすは食べやすい大きさに縦に裂き、器に盛る。

2 まぜ合わせたAをかける。

▶▶合わせ調味料は食べる直前にかけるほうがおいしい。

全部で**2束**買ってくる

残り1束は
ストックに
p.82を
チェック！

1束は
夕飯に
このページの
レシピ

アクが少なく、クセのない味で
生のままでも食べられる
ラクうま食材の優等生。
葉物野菜は日もちしにくいので
生のまま冷凍保存がおすすめです。

小松菜

かんたん　**クイック**

生のままパリパリ！ ボリュームたっぷりの洋風サラダに

小松菜とベーコンのホットサラダ

材料【2人分】
小松菜 —— 1束（200g）
ベーコン —— 2枚
ミックスナッツのあらいみじん切り
　　—— 大さじ2
酢 —— 大さじ1と1/2
塩 —— 小さじ1/4
こしょう —— 少々
オリーブ油 —— 大さじ1と1/2

作り方

1 小松菜は4cm長さに切り、水につけてパリッとさせ、サラダスピナーなどで水けをしっかりきり、耐熱ボウルに入れる。

2 ベーコンは1.5cm幅に切ってフライパンに入れ、オリーブ油を加えて中火にかける。ベーコンがカリッとしたら酢を加え、沸騰したらすぐ1に加えてまぜる。塩、こしょうで味をととのえて器に盛り、ナッツを散らす。

▶▶小松菜のパリッと感、ベーコンのカリッと感を味わえるので、食べる直前に仕上げて。

調理時間
10分

クイック **Point!**

切って水につけるとパリッとした食感に

切った小松菜を水につけて水分を吸わせると、生でもパリッとした食感に。いため物にしても水分があまり出ず、シャキッとします。

80

かんたん
クイック **小松菜とザーサイのいため物**

シンプルな炒め物がシャキッとした食感で格上に

材料【2人分】
小松菜 ── 1束（200g）
ザーサイ（味つき） ── 30g
にんにくのみじん切り ── 小さじ1
塩、こしょう ── 各少々
ごま油 ── 大さじ1

作り方

1 小松菜は4cm長さに切り、水につけてパリッとさせ、水けをしっかりきる。ザーサイは細切りにする。

2 フライパンにごま油、にんにくを入れて中火にかける。にんにくの香りが立ったら、小松菜、ザーサイを加えてさっといため、塩、こしょうで味をととのえる。

▶▶小松菜のシャキッとした食感を楽しむのなら、食べる直前に調理して。

クイック **Point!**

ザーサイが具と味つけの
2つの働き

手早く中華風の味つけにしたい場合は、ザーサイの出番。コリッとした歯ざわりがよく、うまみと塩けが味つけがわりに。塩けが強いので、量に注意を。

材料【2人分】
小松菜 …… 1束（200g）

作り方
小松菜は好みの長さ（1〜4cm）に切って保存袋に入れ、空気を抜いて薄く平らにし、冷凍室に入れる。

らくちん
ストック

冷凍小松菜

切って生のまま冷凍するだけ。
解凍せずに調理できる

冷凍
3週間

ストック Point!

下ゆでなしで冷凍できて栄養価を逃さない

小松菜はアクが少ないので、下ゆでせずに生のまま冷凍できてラク。ゆでると流れ出てしまう栄養を保ったままストックできます。解凍すると水っぽくなるので、加熱調理、特に汁けのある料理には冷凍のまま加えてください。

生のまま冷凍するだけ！

小松菜

こんな食べ方も！ ≫ ＊どんな野菜にも合うので、いつものいため物に追加してもおいしい。
＊みそ汁やスープ、ラーメンなどに気軽に加えてみて。

調理時間
5分

＼アレンジ❶／
短時間で味がよくしみておいしい

小松菜の煮びたし

材料【2人分】
冷凍小松菜（4㎝長さに切ったもの）── 全量
ツナ缶（オイル漬け）── 小1缶（70g）
しょうゆ、みりん ── 各大さじ1

作り方

1 小松菜は凍ったままなべに入れ、軽く油をきった
ツナ缶、しょうゆ、みりん、水150㎖を加えて中火
にかける。

2 煮立ったら、ざっくりとまぜて2分ほど煮て、火を
止めてあら熱がとれるまでおく。

▶▶作りおいたほうが味がしみておいしい。冷蔵で3日ほど
保存可能。

調理時間
10分

＼アレンジ❷／
シャキッとした小松菜の歯ごたえを楽しんで

小松菜の中華風スープ

材料【2人分】
冷凍小松菜（4㎝長さに切ったもの）── 全量
しょうがのせん切り ── 1かけ分（8g）
鶏ガラスープのもと ── 大さじ1
A ｜ かたくり粉 ── 大さじ1
　｜ 水 ── 大さじ2
塩、こしょう ── 各少々
ごま油 ── 小さじ1

作り方

1 なべにごま油、しょうがを入れて中火にかけ、しょ
うがの香りが立ったら水500㎖を加えて1分ほど
煮て、鶏ガラスープのもとを加える。

2 煮立ったら、まぜ合わせた**A**を加えてまぜ、とろ
みがついたら小松菜を凍ったまま入れてさっと煮
立たせる。塩、こしょうで味をととのえる。

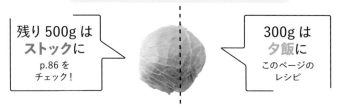

全部で**小1個**（800g）買ってくる

残り500gは
ストックに
p.86を
チェック！

300gは
夕飯に
このページの
レシピ

［キャベツ］

生でサラダにしても、加熱しても手早く調理できる万能野菜。使いきれない分はそのままよりも塩もみしてストックすると味わいと日もちが増します。

かんたん
クイック

くったりキャベツにあさりのうまみがしみ込む

キャベツとあさりのさっと煮

材料【2人分】
キャベツ ── 300g（小1/3個強）
あさり（砂出しずみ）── 10個
塩、こしょう ── 各少々
オリーブ油 ── 大さじ1

作り方

1 キャベツは食べやすい大きさのざく切りにする。

2 なべに**1**、あさり、水1/3カップを順に入れ、ふたをして中火で熱し、煮立ったら5分ほど煮る。

3 塩、こしょうで味をととのえて器に盛る。オリーブ油をかけ、好みであらびき黒こしょうを振る。

クイック  **Point!**

殻が開きやすいようあさりはキャベツの上に

あさりは、キャベツの下では殻の開きが悪くなるので、キャベツの上にのせると早く仕上がります。よりくったりさせたければ、煮る時間を長くしても。

調理時間
10分

たっぷりキャベツをもりもり食べられる秘密は、熱々のごま油！

せん切りキャベツのごまかつおだれ

材料【2人分】

キャベツ ── 300g（小1/3個強）

いり白ごま ── 大さじ3

削り節 ── 2パック（6〜10g）

A │ しょうゆ、ポン酢しょうゆ ── 各小さじ2
　　│ 砂糖 ── 小さじ1/2

ごま油 ── 大さじ2

作り方

1 キャベツはせん切りにしてボウルに入れ、ごま、削り節、**A**を加えてまぜ合わせ、器に盛る。

2 フライパンにごま油を中火で熱し、熱くなったら**1**にまんべんなくかける。

▶▶ キャベツに水けが残っている場合、調味料と合わせる前にしっかりきって。

クイック **Point!**

せん切りがラクになるキャベツの切り方をマスター

**キャベツのせん切りをしづらいのは
厚みがあって不安定だから。簡単に切るためには…**

①芯に対して横半分に切る。

②①の片方を外側と中心部分で2つに分け、手でぎゅっと押さえて安定させながらせん切りにする。残りも同様に切る。

調理時間
8分

残りのキャベツ 500g（← p.84参照）を使って…

（← p.84参照）

材料【2人分】
キャベツ …… 500g（小2/3個弱）
塩 …… 小さじ2

作り方
キャベツは太めのせん切りにし、保存袋に入れて塩を振り、しんなりするまで袋の上からもむ。

らくちん
ストック

キャベツの塩もみ

水分が抜け、アレンジしやすい状態に。せん切りで塩のなじみをよくして

冷蔵
3日

冷凍
NG

ストック **Point!**

使うときは
水けをしっかりしぼって

塩でもむと、時間とともに水分がだんだん出てきます。水けをしっかりしぼってから使うようにしましょう。

塩でもむだけ！

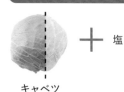

キャベツ ＋ 塩

こんな食べ方も！ ≫ ＊かさが減ってたくさん食べられるので、そのまま焼きそばなどいため物の具に。
＊耐熱容器に入れてピザ用チーズを散らし、オーブン焼きに。

調理時間
12分

\アレンジ❶/
塩キャベツ + 酢をザワークラウトがわりに

キャベツとソーセージの クイックシュークルート

材料【2人分】
キャベツの塩もみ ── 全量
ウインナソーセージ ── 6本
酢 ── 大さじ2
固形スープ(ブイヨン) ── 1/2個
サラダ油 ── 大さじ1/2

作り方

1 なべにサラダ油を中火で熱し、水けをしぼった
キャベツをさっといためる。

2 酢、固形スープを加えてソーセージをのせ、ふた
をしてごく弱火で7〜8分蒸し煮にし、まぜ合わ
せる。

調理時間
5分

\アレンジ❷/
袋でもめば、すぐシャキシャキのサラダに!

コールスロー

材料【2人分】
キャベツの塩もみ ── 全量
にんじんのせん切り ── 適量
マヨネーズ ── 大さじ2
酢 ── 大さじ1/2
こしょう ── 少々

作り方

1 キャベツは水けをしぼってからポリ袋に入れ、に
んじん、マヨネーズ、酢、こしょうを加えて袋の上
からよくもむ。

2 器に盛り、好みであらびき黒こしょうを振る。

▶▶そのまま冷やせば冷蔵で2日保存可能。

加熱は電子レンジにまかせればラクにほっくりとおいしく蒸せます。マッシュした状態でストックするとサラダやスープなどに大活躍。冷凍保存もできます。

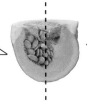

全部で **1/4 個** 買ってくる

残り半量は
ストックに
p.90 を
チェック!

半量（1/8 個）は
夕飯に
このページの
レシピ

かんたん
クイック

電子レンジまかせでこっくりした煮物が完成！

バターしょうゆかぼちゃ

材料【2人分】
かぼちゃ …… 1/8個（200g）
バター …… 5g
しょうゆ …… 小さじ2

作り方

1 耐熱容器にかぼちゃを切らずに入れ、バターをのせてラップをふんわりとかけ、電子レンジで5分ほど加熱する。

2 ラップをとり、熱々のうちにしょうゆをかけ、フォークなどで食べやすい大きさに割って、ひとまぜする。

▶▶冷めてもおいしい。

クイック

Point!

電子レンジ加熱で煮物もパパッと！

かぼちゃの加熱は電子レンジを使うから簡単。ほっくり蒸せるように、ラップはかぼちゃにくっつかないようふんわりとかけるのがコツです。

調理時間
8分

調理時間
15分

かんたん クイック

かぼちゃのとろみで簡単ポタージュに

かぼちゃのクイックポタージュ

材料【2人分】

かぼちゃ —— 1/8個（200g）
玉ねぎ —— 1/2個（100g）
牛乳 —— 150㎖
固形スープ（ブイヨン）—— 1個
バター —— 8g

作り方

1 かぼちゃは皮をあらくむき、2㎝角ほどに切る。玉ねぎは薄切りにする。

2 なべにバターを中火で熱し、泡立ってきたら玉ねぎを入れていため、しんなりしたらかぼちゃと水200㎖を加える。煮立ったら弱火にし、かぼちゃがやわらかくなったら木べらなどでざくざくつぶす。

3 牛乳、固形スープを加え、弱火にして3分ほど煮る。

クイック Point!

かぼちゃはなべの中で
ざくざくつぶして

かぼちゃはなべで煮て、やわらかくなったら木べらなどでつぶせば、小さく切る手間いらず。汁けが多いとはねやすいので、水分を加える前につぶして。

残りのかぼちゃ 1/8個（← p.88参照）を使って…

残りのかぼちゃ 1/8個（← p.88参照）を使って…

材料【2人分】
かぼちゃ …… 1/8個（200g）

作り方
かぼちゃはラップでふんわりと包み、電子レンジで5分弱加熱する。熱いうちに皮を除き、保存袋に入れて袋の上からもんであらくつぶす。

らくちん
ストック

レンジ蒸しかぼちゃのマッシュ

ほくほく感を楽しむためにあらめにつぶすのがポイント

冷蔵
4日

冷凍
3週間

ストック **Point!**

マッシュすると冷凍もラクちん

かぼちゃはマッシュすると冷凍保存しやすくなります。袋の中の空気を抜き、薄く平らにしてから冷凍室に入れます。

電子レンジで蒸してつぶすだけ！

かぼちゃ

こんな食べ方も！ ▷▷▷ ＊牛乳、固形スープを加えて煮るだけで即席スープに。
＊パンケーキミックスに少し加えてまぜて焼くと、しっとり食感でうっすらオレンジ色のパンケーキに！

調理時間
5分

＼アレンジ❶／
かぼちゃの甘さをカレーで引き締めて

かぼちゃの
カレーマヨネーズサラダ

材料【2人分】

レンジ蒸しかぼちゃのマッシュ ── 全量

プレーンヨーグルト（無糖） ── 大さじ3

マヨネーズ ── 大さじ1弱

カレー粉 ── 小さじ1弱

塩 ── 少々

作り方

かぼちゃはボウルに入れ、カレー粉、塩を加えてまぜ、ヨーグルト、マヨネーズを加えてさっとまぜる。

▶▶パンにはさんでサンドイッチにしてもおいしい。

調理時間
5分

＼アレンジ❷／
ピザソースをかけて焼くだけでラクちん！

かぼちゃのピザ焼き

材料【2人分】

レンジ蒸しかぼちゃのマッシュ ── 全量

A ┃ トマトケチャップ ── 大さじ1と1/2
┃ オレガノ ── 小さじ1/2

粉チーズ ── 小さじ1

※ **A** は市販のピザソースでも代用可。

作り方

かぼちゃは耐熱容器に敷き、まぜ合わせた **A** をかける。粉チーズを振り、オーブントースターで軽く焼き色がつくまで焼く。

▶▶冷めてもおいしい。

ゆで野菜の定番ですがいためても煮てもおいしくて短時間でさっと仕上がります。ストックは小房に分けて冷凍保存しておくと便利です。

全部で **1個** 買ってくる

残り半量は **ストックに**
p.94 を
チェック！

半量は
夕飯に
このページの
レシピ

かんたん
クイック

薄切りを軽く蒸し煮にしておくのがポイン

ブロッコリーとアボカドのいため物

材料【2人分】
ブロッコリー ── 1/2個（150g）
アボカド ── 大1個（250g）
オリーブ油 ── 大さじ1
塩、こしょう ── 各少々

作り方

1 ブロッコリーは小房に分け、7mm
 厚さに切る。アボカドは2cm角に
 切る。

2 フライパンにオリーブ油、ブロッ
 コリー、水大さじ3を入れてふた
 をし、中火にかける。煮立ったら、
 2分ほど蒸し煮にする。

3 ブロッコリーに火がほぼ通ったら、
 ふたをとって水けをとばす。アボ
 カドを加えてさっといため、塩、こ
 しょうで味をととのえる。器に盛り、
 好みであらびき黒こしょうを振る。

クイック
Point!

薄切りにすると加熱しやすい
ブロッコリーは薄切りにすると火の通り
がよくなります。はじめに軽く蒸し煮に
することで、火の通りがさらに早くなり、
甘みを引き出します。

調理時間
10 分

かんたん
クイック

くったり煮ると、独特の甘みを味わえます
ブロッコリーのくたくたスープ煮

材料【2人分】
ブロッコリー —— 1/2個（150g）
固形スープ（ブイヨン）—— 1/2個
塩 —— 適量
オリーブ油 —— 小さじ1

作り方

1 ブロッコリーは小房に分け、茎は
かたい部分を厚めにむく。

2 なべに**1**、水200ml、オリーブ油、
固形スープを入れ、ブロッコリー
がやわらかくなるまで煮て塩で味
をととのえる。

クイック **Point!**

材料を入れてなべに
まかせて煮込むだけ！

なべに材料を入れ、火にか
ければ完成！ くたくたにす
ればするほど、ブロッコリー
がブイヨンスープをたっぷり
吸って、おいしさアップ。

調理時間
8分

残りのブロッコリー 1/2個（← p.92参照）を使って…

材料【2人分】
ブロッコリー …… 1/2個（150g）

作り方
ブロッコリーは小房に分け、茎は
かたい部分を厚めにむき、食べ
やすく切る。保存袋に入れ、袋
の中の空気を抜いて冷凍室に入
れる。

らくちん
ストック

生のまま冷凍しておけば
さっと使えて時短調理にも

冷凍ブロッコリー

冷凍
3週間

ストック **Point!**

**保存は冷蔵より冷凍で。
ラクで日もちがする**

小房に分けてそのまま保存
袋に入れて冷凍すればいい
ので、冷蔵保存の場合のゆ
でる手間を省けます。また、
保存期間が長くなるメリット
も。冷凍したものを解凍す
ると水っぽくなるので、加熱
調理しましょう。

生のまま冷凍するだけ！

ブロッコリー

こんな食べ方も！ ≫ ＊スープやカレー、シチュー、パスタソースなどの汁物に加えて。
＊耐熱容器に入れ、コチュジャンとマヨネーズをかけてオーブン焼きに。

調理時間
10分

\アレンジ❶/
卵が固まる前に火を止めるのがコツ

ブロッコリーとアンチョビーのスクランブルエッグ

材料【2人分】
冷凍ブロッコリー —— 2/3量（100g）
卵 —— 3個
アンチョビーのみじん切り —— 1切れ分
牛乳 —— 大さじ1
バター —— 8g
塩、こしょう —— 各少々

作り方

1 ブロッコリーは解凍し、小さく切る。卵はボウルに割りほぐし、牛乳、塩、こしょうを加えてまぜる。

2 フライパンにバター、アンチョビーを中火で熱し、泡立ってきたら、ブロッコリーを入れてさっといためる。卵液を加えてゆっくりまぜ、卵がやわらかいうちに火を止める。

▶▶卵のふっくら感を味わうために、食べる直前に調理して。

\アレンジ❷/
炊いたごはんで作るから簡単！

ブロッコリーのリゾット

材料【2人分】
冷凍ブロッコリー —— 2/3量（100g）
ごはん —— 茶わん2杯分
牛乳 —— 150㎖
ピザ用チーズ —— 30g
塩、こしょう —— 各少々
オリーブ油 —— 大さじ1/2

作り方

1 ブロッコリーは解凍する。

2 フライパンにオリーブ油を中火で熱し、1をいためる。牛乳、水150㎖を加え、弱火にして2〜3分煮る。ブロッコリーをくずし、ごはんを加える。

3 全体がとろりとしてきたら、塩、こしょうで味をととのえる。チーズを加え、とけ始めたら火を止める。

調理時間
10分

全部で **1/2 本** 買ってくる

残り半量は
ストックに
p.98 を
チェック!

半量（1/4 本）は
夕飯に
このページの
レシピ

まん中から上は甘みが強く、
加熱調理でも生食でもおいしいので
½ 本で買う場合は上半分を選んで。
½ 本で買う場合は上半分を選んで。
塩でもんでストックしておくと
うまみや甘みがぎゅっと凝縮します。

大根

かんたん
クイック

ボリューム感たっぷりのごちそうサラダ

大根とほたてのゆずこしょうドレッシング

材料【2人分】

大根 ── 1/4本（250g）

ほたて貝柱缶 ── 1缶（45g）

貝割れ菜 ── 適量

A｜ゆずこしょう ── 小さじ1/2
　｜ほたての缶汁 ── 大さじ1
　｜塩 ── 適量
　｜酢 ── 大さじ1弱
　｜サラダ油 ── 大さじ1と1/2

作り方

1 大根はピーラーでむいてリボン状
　にし、器に盛る。

2 ほたては缶汁をきって（缶汁はとっ
　ておく）ほぐし、**1**に散らす。貝割
　れ菜をのせ、まぜ合わせた**A**をか
　ける。

▶▶ドレッシングは食べる直前にかけて。

クイック **Point!**

ピーラーでむけば簡単！
大根が薄いリボン状に

ピーラーを使うと、きれいな薄いリボン
状に手早く切ることができます。包丁を
使わないのでラク。

調理時間
8分

かんたん
クイック 短時間でしんなり、豚肉のうまみがしみ渡る

大根のそぼろ煮

材料【2人分】

大根 ── 1/4本（250g）

豚ひき肉 ── 70g

めんつゆ（市販/3倍濃縮）、みりん
　　── 各大さじ2

サラダ油 ── 小さじ1

※めんつゆ（合わせ調味料）を手作りする場合
は、p.112参照。

作り方

1 大根は5mm厚さの半月切りにする。

2 なべにサラダ油を中火で熱し、ひき肉を入れてさっといため、水100mℓ、大根、めんつゆ、みりんを加える。煮立ったらふたをし、弱めの中火で5分ほど煮る。

3 ふたをとり、ときどきまぜながら煮汁がなくなるまでさらに5分ほど煮る。仕上げに火を強め、煮汁がほぼなくなるまで煮る。

▶▶作りおきすると味がしみておいしい。冷蔵で3日ほど保存可能。

クイック **Point!**

薄い半月切りなら
煮物もスピード調理できる

ごろっとした大根もおいしいですが、時短で煮物を仕上げるなら、薄い半月切りがおすすめ。あっという間に煮汁がしみ込んで、ラクうま。

残りの大根 1/4本（← p.96参照）を使って…

（← p.96参照）

材料【2人分】
大根 —— 1/4本（250g）
塩 —— 小さじ1

作り方

1 大根は1.5cm角に切る。

2 保存袋に**1**、塩を入れ、袋の上からよくもみ、冷蔵室に入れて水分が出るまでしばらくおく。

らくちん
ストック

大根の塩もみ

塩もみで、うまみと甘みをとじ込めて。角切りにすればかみごたえが

冷蔵
4日

冷凍
NG

ストック **Point!**

塩もみで出た水分は捨てずにいっしょに保存

大根を塩もみすると水分が出ます。大根のジューシーさを保つため、水分は捨てることなく、いっしょに保存袋に入れてストックしましょう。使うときに水けをきります。塩もみの塩は、大根の重量の2%を目安に。

塩でもむだけ！

大根　＋　塩

こんな食べ方も！ ≫
＊ゆずの皮とまぜて、ゆず大根風に。
＊いかといっしょにコチュジャンでいため、ピリ辛いため煮に。

\アレンジ❶/
さっぱりさわやかなカンタン副菜

大根の梅しそオイルあえ

材料【2人分】

大根の塩もみ ── 全量

梅干し（甘めのもの） ── 大1個（正味15g）

青じそ ── 5枚

オリーブ油 ── 大さじ1/2

作り方

1 大根は水けをしっかりしぼり、ボウルに入れる。

2 梅干しは種をとり、包丁で軽くたたく。青じそは細かくちぎる。

3 1に2、オリーブ油を加えてあえる。

▶▶時間がたつと水けが出て、青じその色も悪くなるので、食べる直前に調理して。

調理時間
5分

\アレンジ❷/
塩もみにピリ辛だれをもみ込むだけ

大根のカクテキ風

材料【2人分】

大根の塩もみ ── 全量

にら ── 適量

A 豆板醤 ── 小さじ2/3

コチュジャン ── 小さじ2/3

砂糖 ── 小さじ2/3

にんにくのすりおろし ── 少々

作り方

「大根の塩もみ」は保存袋の汁けをきり、食べやすく切ったにら、**A**を加えて袋の上からよくもむ。

▶▶冷やしてもおいしい。冷蔵で4〜5日保存可能。

調理時間
5分

加熱して食べることが多いですが生食でもおいしい食材。シャキシャキ食感を楽しめます。塩もみしてストックし、うまみを凝縮させるのがおすすめ。

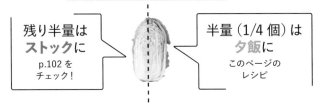

全部で **1/2** 個 買ってくる

残り半量は **ストック**に
p.102 を
チェック！

半量（1/4 個）は
夕飯に
このページの
レシピ

p.102 を
チェック！

かんたん
クイック

コクのあるドレッシングが食欲をそそる

白菜とじゃこのみそマヨサラダ

材料【2人分】
白菜 —— 1/4個（250g）
ちりめんじゃこ —— 大さじ4
いり白ごま —— 大さじ2
A みそ —— 大さじ1弱
　　マヨネーズ —— 大さじ1と1/2
　　酢 —— 大さじ1/2
　　サラダ油 —— 小さじ1

作り方

1　白菜は横に細切りにする。**A**はまぜ合わせる。

2　器に白菜を盛り、じゃこ、ごまをまんべんなく散らし、**A**を回しかける。

▶▶食べる直前に調理したほうが、生の白菜のシャキシャキ感を楽しめます。

調理時間
5分

Point!

白菜の繊維を断つように
「横に細切り」がおすすめ

白菜は、繊維を断つ横方向に細切りに。繊維に沿って切るほうがシャキシャキ感が強いですが、生の白菜の場合、繊維を断つほうがほどよい食感で食べやすくなります。

豚肉のうまみを含んだジューシーな白菜がたまらない

白菜と豚バラの重ね煮

材料【2人分】

白菜 ── 1/4個（250g）
豚バラ薄切り肉 ── 200g
酒（または水）── 50㎖

作り方

1 白菜は2〜3㎝幅のざく切りにする。

2 なべに1、豚肉を順に何回か重ね入れ、酒を加えて中火にかける。煮立ったらふたをし、弱火にして10分ほど蒸し煮にする。ポン酢しょうゆやごまだれなど好みのたれ（分量外）をつけて食べる。

クイック Point!

具を均一に敷くには
なべのまわりから

切った白菜と豚肉をそのまま重ね入れて煮るだけ。なべのまわりから敷き詰めると均一になります。

調理時間
10分
※煮込む時間は除く。

（← p.100参照）

材料【2人分】

白菜 ⸺ 1/4個（250g）

塩 ⸺ 小さじ1

作り方

1 白菜は2〜3cm幅のざく切りにする。

2 保存袋に**1**、塩を入れて袋の上からよくもみ、冷蔵室に入れて水分が出るまでしばらくおく。

らくちん
ストック

白菜の塩もみ

かさがぐっと減るのでもりもりたくさん食べられます

冷蔵
4日

冷凍
NG

ストック Point!

塩もみで水分が多く抜けて大量消費も保存もラクに

水分を多く含む白菜は、塩でもむと水分がたっぷり抜けます。かさがぐっと減るので、うまみも凝縮して1回に多くの量を食べられるようになります。保存時も省スペースに。

塩でもむだけ！

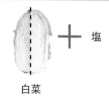

白菜　＋　塩

こんな食べ方も！ ≫

＊ゆずこしょうであえる。

＊ごま油と鶏ガラスープのもとで調味し、中華風スープにしても。

調理時間
10分

\アレンジ❶/
くったり白菜と牛乳がやさしい味

白菜のミルクスープ

材料【2人分】
白菜の塩もみ —— 全量
牛乳 —— 200ml
バター —— 10g
こしょう —— 少々
ハム —— 3枚（30g）

作り方

1 ハムは小さく切る。

2 なべに軽く水けをきった白菜、牛乳、バターを入れて中火にかけ、煮立ったら弱火にして5分ほど煮る。こしょうで味をととのえ、器に盛って**1**を散らす。

調理時間
8分

\アレンジ❷/
酸味と辛さがクセになる中華風漬け物

ラーパーツァイ

材料【2人分】
白菜の塩もみ —— 全量
ねぎの斜め細切り —— 5cm分
しょうがの細切り —— 1かけ分（8g）
赤とうがらしの小口切り —— 1/2本分
酢、砂糖 —— 各大さじ1
ごま油 —— 大さじ1と1/2

作り方

1 白菜は水けを軽くしぼって耐熱ボウルに入れ、赤とうがらし、酢、砂糖を加えてまぜ、ねぎ、しょうがを加える。

2 フライパンにごま油を中火で熱し、煙が出るまで熱々になったら**1**にかけ、全体をまぜる。

▶▶冷蔵で4日ほど保存可能。

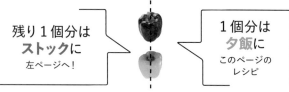

2個分（赤、黄など）買ってくる

残り1個分は**ストック**に
左ページへ！

1個分は**夕飯**に
このページのレシピ

※赤、黄などのパプリカを1個ずつ使っても、同じ色を2個使ってもOKです。

かんたん クイック

甘いパプリカが甘辛味によく合います

パプリカとひじきのきんぴら

材料【2人分】

パプリカ（赤、黄など）
── 1個分（150g）
芽ひじき（乾燥）── 小さじ2
A しょうゆ ── 大さじ1
めんつゆ（市販 /3倍濃縮）
── 大さじ1
みりん ── 大さじ2
砂糖 ── 小さじ1
サラダ油 ── 小さじ1

※めんつゆ（合わせ調味料）手作りする場合は、p.112参照。

作り方

1 パプリカは半分に切って細切りにする。ひじきはたっぷりの水でもどし、ざるに上げて揺すり洗いし、水けをしぼる。

2 フライパンにサラダ油を中火で熱し、**1**を入れて2分ほどいため、**A**を加えて汁けがなくなるまでいためる。

▶▶冷めてもおいしい。冷蔵で3日ほど保存可能。

調理時間
10分

クイック **Point!**

細切りにして火の通りをよく
パプリカは肉厚なので、細切りにすることで、短時間でいためることができます。

材料【2人分】
パプリカ（赤、黄など）
—— 1個分（150g）
A┃酢 —— 大さじ2
　┃砂糖 —— 大さじ2
　┃塩 —— 小さじ1/3
　┃水 —— 大さじ2

作り方

1 パプリカは一口大に切る。

2 耐熱容器に**A**を入れてまぜ、ラップをかけて熱くなるまで電子レンジで3分ほど加熱する。

3 ラップをとり、熱いうちに**1**を加えてそのまま冷ます。

パプリカのピクルス

切って生のままピクルス液に漬けるだけで簡単漬け物

ストック　Point!

熱々のピクルス液に漬けてじっくり冷ますとおいしい

ピクルス液を熱々にあたためたら、すぐにパプリカを投入して。冷めるにつれて徐々に味がなじんでいきます。

こんな食べ方も！ ≫≫
＊ピクルス液にオリーブ油を加えまぜ、サラダにドレッシングがわりにかける。
＊ハムや生野菜などとみじん切りにし、ごはんにまぜて洋風ライスサラダに。

冷蔵
1週間

冷凍
2週間

ピクルス液に
漬けるだけ！

　＋　ピクルス液
（酢、砂糖、塩、水）

パプリカ

＼アレンジ／
ピクルスの酸味で脂っこい肉もあっさりと

パプリカと豚肉の
さっぱりいため

材料【2人分】
パプリカのピクルス —— 半量
パプリカのピクルス液 —— 大さじ1
豚こまぎれ肉 —— 100g
塩 —— 少々
サラダ油 —— 小さじ1

作り方

1 フライパンにサラダ油を中火で熱し、豚肉をいためて塩で味をつける。

2 パプリカ、ピクルス液を加え、汁けがなくなるまでいためる。

調理時間
8分

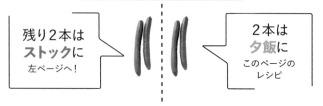

全部で**大4本**買ってくる

残り2本は
ストックに
左ページへ！

2本は
夕飯に
このページの
レシピ

きゅうり

生のまま食べられる野菜の代表格。クイック調理の強い味方です。塩もみしてストックしておくと余り食材や調味料とパッとあえるだけで副菜に。

クイック

包丁いらずの超簡単レシピ！ ラー油がピリッときいたごまだれで

たたききゅうりのピリ辛ごまだれ

材料【2人分】

きゅうり ── 大2本（250g）

A ┃ ごまだれ（市販）── 大さじ2
┃ ラー油 ── 適量

※Aはp.112のごまだれ（辛）大さじ2で代用可。

作り方

1　きゅうりはまないたにのせ、めん棒で一口大になるようにたたき割り、器に盛る。

2　まぜ合わせた**A**をかける。

クイック **Point!**

たたききゅうりで
時短＆味のなじみをよく

きゅうりはたたくときれいに割れるので、包丁いらず。切り口から味がよくなじむので、おすすめの方法です。

調理時間
5分

106

材料【2人分】

きゅうり ── 大2本（250g）

塩 ── 小さじ1

作り方

きゅうりは長さを6〜7等分に切る。保存袋に入れ、塩を加えて袋の上からよくもむ。

きゅうりの塩もみ

大きめに切って塩もみしておくと料理に適した形にアレンジできます

冷蔵 **3日**

冷凍 **NG**

ストック Point!

使い方の幅が広がるように大ぶりのままストックして

大きめに切ったまま塩もみしておけば、あとで切り方を変えていろいろなメニューに使えます。

こんな食べ方も！

*水分が抜けているので、ポテトサラダやいため物にすると水っぽくならない。

*薄切りにし、しょうがのせん切りとまぜ合せて浅漬け風に。

塩でもむだけ！

＋ 塩

きゅうり

\アレンジ/

ザーサイの辛みとごま油の香りで食欲増進！

きゅうりとザーサイのあえ物

材料【2人分】

きゅうりの塩もみ ── 半量

ザーサイ（味つき） ── 30g

ごま油 ── 少々

作り方

1 きゅうりは1cm厚さの小口切りにし、水けを軽くしぼる。ザーサイはあらいみじん切りにする。

2 ボウルに入れ、ごま油を加えてあえる。

▶▶冷やしてもおいしい。冷蔵で2日ほど保存可能。

調理時間
5分

全部で **2袋**買ってくる

残り1袋は
ストックに
左ページへ！

1袋は
夕飯に
このページの
レシピ

安くてボリュームアップできる、うれしい食材。切らずに使える、うれしい食材。傷みやすいのが難点で買った当日に調理するかすし酢漬けにして保存しましょう。

もやし

かんたん
クイック

とろみでシャキシャキもやしに味がからむ

もやしとひき肉のとろみいため

材料【2人分】

もやし —— 1袋（200g）
豚ひき肉 —— 100g
塩、こしょう —— 各少々
A | かたくり粉 —— 小さじ1
　 | 水 —— 大さじ3
サラダ油 —— 小さじ1

作り方

1 フライパンにサラダ油を中火で熱し、ひき肉を入れていためる。火が通ったら、もやしを加えてさらに1〜2分いためる。

2 塩、こしょうで味をととのえ、まぜ合わせた**A**を加え、ひと煮立ちさせてとろみをつける。

クイック **Point!**

切る手間なし
いためるだけ！

もやしもひき肉も、切る手間がいらない時短食材。下準備いらずで、すぐにいためて調味して完成！

調理時間
8分

材料【2人分】

もやし ── 1袋（200g）

すし酢（市販）── 大さじ1と1/2

※すし酢（合わせ調味料）を手作りする場合は、p.112参照。

作り方

なべに湯を沸かし、もやしを入れて20秒ほどゆで、ざるに上げる。保存容器に入れ、すし酢であえて冷ます。

※すし酢（合わせ調味料）を手作りする場合は、p.112参照。

ストック Point!

**日もちがしない食材。
買ったその日に保存調理を**

もやしは劣化しやすいので、買ったその日にストック用も仕込み、できるだけ早めに使いきって。電子レンジではなく熱湯でゆでるほうがおいしく加熱できます。

こんな食べ方も！ ≫

* もどした春雨と漬け汁ごとあえて
　中華あえに。
* わかめとからし酢みそであえても。

もやしのすし酢漬け

さっぱりすし酢がもやしにぴったり。
添えれば味つけに使えるすぐれもの

| 冷蔵 | **2日** |
| 冷凍 | **NG** |

漬けるだけ！

 ＋ すし酢

もやし

調理時間
10分

生春巻きの皮はかためにもどすと巻きやすい
生春巻きの皮はどんどんやわらかくなって巻きづらくなるので、かための状態で巻き始めましょう。

＼アレンジ／

もやしのすし酢漬けが味の決め手に

もやしの生春巻き

材料【2人分】

もやしのすし酢漬け ── 全量
生ハム ── 4枚
青じそ ── 2枚
生春巻きの皮 ── 4枚

作り方

1 もやしは汁けをしっかりしぼり、4等分する。青じそは縦半分に切る。

2 生春巻きの皮は水でさっとぬらし、まないたなどに広げる。

3 皮の手前に**1**のもやし、奥側の端に**1**の青じそ1切れ、その上に生ハム1枚をのせる。皮の両側をたたんでクルクル巻く。残りも同様に作る。

4 器に盛り、好みで市販のチリソース、一味とうがらしをきかせた甘酢、からしじょうゆなどをつけて食べる。

全部で **3パック**買ってくる

残り2パックは
ストックに
左ページへ！

1パックは
夕飯に
このページの
レシピ

特有のうまみや香りを
さまざまな料理に生かせます。
使い勝手もよく、出番の多い食材。
風味が抜けやすいので
早めにストックに回しましょう。

きのこ

かんたん
クイック

しいたけの笠の裏にカリカリベーコンを！

しいたけのベーコンパン粉焼き

材料【2人分】
しいたけ ── 1パック（6個）
ハーフベーコン ── 2枚
パン粉 ── 大さじ1
オリーブ油 ── 大さじ1/2

作り方

1 しいたけは軸をとる。ベーコンはこま
かく刻む。

2 パン粉とオリーブ油をまぜ合わせ、油
がなじんだらベーコンを加えてまぜる。

3 しいたけの笠の裏に**2**をのせ、オーブ
ントースターで軽く焼き目がつくまで7
～8分焼く。

▶▶作りおきの場合は、具をまぜ合わせておき、
食べる直前にしいたけにのせてオーブン
トースターで焼きます。

クイック **Point!**

しいたけの軸とりは
手でひねるだけ
しいたけの軸は、つけ根を軽くひ
ねるようにすれば、包丁を使わな
くても簡単にとれます。

調理時間
8分

110

材料【2人分】
きのこ（しめじ、えのきだけなど）
　── 各1パック（計200g）
めんつゆ（市販/3倍濃縮）── 大さじ2

※めんつゆ（合わせ調味料）を手作りする場合は、p.112参照。

作り方
耐熱容器に石づきをとったきのこを入れてめんつゆ、水大さじ1を加え、ラップをかけて電子レンジで2分ほど加熱し、冷めるまでおく。

ストック　**Point!**

複数の種類で作るとうまみがさらに深まる

しめじやえのきだけに加え、エリンギ（こまかく裂く）やしいたけ（薄切りにする）など複数の種類のきのこで作ると、目にも楽しく、うまみも深まります。

こんな食べ方も！ ≫　＊ごはんやめんのトッピングに！
＊肉や魚、とうふの上に
　漬け汁ごとかけて調味だれとして。

らくちん
ストック

数種類のきのこで作りたい。
のせて食べれば料理がグレードアップ！

きのこのめんつゆ漬け

冷蔵
3日

冷凍
1週間

漬けるだけ！

きのこ　＋　めんつゆ

\アレンジ/
ごはんにかけても、とうふやそばにかけても！

きのこ納豆

材料【2人分】
きのこのめんつゆ漬け ── 半量
きのこのめんつゆ漬けの汁── 適量
納豆 ── 2パック

作り方
すべての材料をボウルに入れてまぜ合わせる。
器に盛り、好みで七味とうがらしを振る。

調理時間
3分

じつは作れる！ 手作り合わせ調味料

本書のレシピに登場した市販の調味料やたれの中には、家にある調味料を合わせて
自分で作れるものも。買いおきがないときなど、作り方を覚えておくと便利な3種類を紹介します。

めんつゆ（3倍濃縮タイプ）

冷蔵 5日

材料【約150㎖分】

A｜しょうゆ —— 130㎖
　｜みりん —— 80㎖
　｜砂糖 —— 大さじ1/2
削り節 —— 10g

作り方

なべにAを入れて中火にかけ、煮立ったら削り節を加えてごく弱火にして2分ほど煮出す。冷めたら茶こしでしっかりこし、清潔な密閉ガラスびんなどに移す。

本書使用レシピ

p. 40…トマトすき焼き
p. 56…サーモンの洋風漬け
p. 76…なすのめんつゆ煮
p. 97…大根のそぼろ煮
p.104…パプリカとひじきのきんぴら
p.111…きのこのめんつゆ漬け
p.111…きのこ納豆
p.114…クイック牛丼
p.124…とうふのかにかまきのこあんかけ
p.125…しらたきと豚こまのさんしょう煮

すし酢

冷蔵 1ヵ月

材料【約200㎖分】

酢 —— 120㎖
砂糖 —— 100g
塩 —— 大さじ1

作り方

ボウルにすべての材料を入れてまぜ合わせ、清潔な密閉ガラスびんなどに移す。

本書使用レシピ

p. 22…鶏肉のカレー南蛮漬け
p. 53…ゆでいかとセロリのすし酢あえ
p.109…もやしの酢漬け

ごまだれ（辛）

冷蔵 10日

材料【約100㎖分】

ねり白ごま —— 大さじ3
しょうゆ —— 大さじ1
ラー油 —— 小さじ1/2

作り方

ボウルにすべての材料、水大さじ2、好みで砂糖小さじ1を入れてまぜ合わせ、清潔な密閉ガラスびんなどに移す。

本書使用レシピ

p. 37…担担めん
p.106…たたききゅうりのピリ辛ごまだれ

3章

1品完結で満足！パッと作れるお疲れさまレシピ

帰宅が遅くなった、
くたくたに疲れた……。
主菜も副菜も作りたくない！
ガッツリしたものは食べたくない‼
そんな日に活躍する
ごはん物やめん類、スープなど
1品だけでおなかも心も満たされる
レシピをご紹介。
家にいる日のランチメニューにも
おすすめです。
食欲がない日でも食べやすい
やさしい味のメニューもあります。

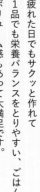
パッと作れるのに
甘辛味がしみ渡る

クイック牛丼

材料【2人分】

あたたかいごはん
　　── どんぶり2杯分（400g）

牛こまぎれ肉 ── 150g

A｜しょうゆ、砂糖 ── 各大さじ1/2

ねぎ ── 1本

B｜めんつゆ（市販/3倍濃縮）、
　　｜　みりん ── 各大さじ1
　　｜しょうゆ、砂糖 ── 各大さじ1/2

※めんつゆ（合わせ調味料）を手作りする
場合は、p.112 参照

作り方

1 ねぎは斜め薄切りにする。牛
肉は食べやすく切り、**A**をもみ
込む。

2 なべにねぎ、水100㎖、**B**を入
れ、中火で3分ほど煮る。ね
ぎがやわらかくなったら、牛肉

を加えてほぐしながらまぜる。
煮立ったらアクをとり、さらに
2分ほど煮る。煮汁が多い場
合は火を強めて適度に煮詰め
る。

3 どんぶりにごはんを盛り、**2**を
かける。

調理時間
10分

ふんわり卵ととうふのやさしい口当たり

卵ととうふのふわふわ丼

材料【2人分】

あたたかいごはん
　　── どんぶり2杯分（400g）

木綿どうふ ── 1/2丁（150g）

卵 ── 2個

めんつゆ（市販/3倍濃縮）
　　── 大さじ3

小松菜 ── 80g

※めんつゆ（合わせ調味料）を手作りする
場合は、p.112参照

作り方

1 なべにめんつゆ、水大さじ4
を入れて煮立て、とうふを加
えてお玉で食べやすくくずし、
弱火で1分ほど煮る。

2 ボウルに卵を割りほぐす。小
松菜は食べやすく切る。

3 **1**の火を強め、とき卵の半量
を回し入れる。卵が固まり始
めたら、残りのとき卵を回し
入れ、小松菜を加えて火を止
める。卵が固まり始めたら、
器に盛ったごはんにのせる。

調理時間
10分

つるりと食べやすくて、ほっとする味

なめこ雑炊

材料【2人分】

ごはん —— どんぶり1杯分（200g）
なめこ —— 1袋（100g）
A｜だし —— 300㎖
　｜しょうゆ —— 大さじ1と1/2
　｜みりん —— 大さじ1/2
焼きのり、ねりわさび —— 各適量

> **削り節で**
> **本格的なだしの味**
> 削り節1パック（3〜5g）をマグカップに入れ、熱湯200㎖を注ぎ、5分ほどおいてから茶こしでこすと、本格的な味わいのだしが簡単にできます。

調理時間
10分

作り方

1 なめこはざるにあけ、さっと洗う。

2 なべにAを入れて煮立て、**1**を加える。

3 ざるにごはんを入れ、さっと洗って表面のぬめりをとり、**2**に加える。再び煮立ったらまぜて器に盛り、のり、わさびをのせる。

しょうがのきいたあんでヘルシーに

ささ身とレタスの
中華あんかけごはん

材料【2人分】

あたたかいごはん
　　—— どんぶり2杯分（400g）
鶏ささ身 —— 2本（100g）
レタス —— 1/2個（150g）
しょうがのすりおろし —— 小さじ1
鶏ガラスープのもと、ごま油
　　—— 各小さじ1
塩、こしょう —— 各少々
A｜かたくり粉 —— 小さじ2
　｜水 —— 大さじ1と1/2

調理時間
12分

作り方

1 レタスは食べやすくちぎる。ささ身は筋をとり、細い斜め切りにする。

2 なべに水200㎖、鶏ガラスープのもと、ごま油を入れて中火にかける。煮立ったらささ身を加えてさっと煮て、レタスを加える。レタスがしんなりしたら塩、こしょうで味をととのえ、まぜ合わせたAを加えてとろみをつけ、しょうがを加えてまぜる。

3 器にごはんを盛り、**2**をかける。

あのパスタの味はごはんにもよく合う！

ナポリタンライス

材料【2人分】
あたたかいごはん
　　── どんぶり2杯分（400g）
ウインナソーセージ
　　── 4本
ピーマン ── 2個（100g）
玉ねぎ ── 1/4個（50g）
トマトケチャップ ── 大さじ3
バター ── 7g
塩、黒こしょう ── 各少々
サラダ油 ── 小さじ1

作り方

1　ピーマンは薄い輪切り、玉ねぎは薄切り、ソーセージは斜めに切る。

2　フライパンにサラダ油を中火で熱し、**1**を入れてさっといためる。野菜がしんなりしたらバターを加え、とけてきたらケチャップを加えてさっとまぜる。

3　ごはんを加えてケチャップがなじむようにいため、塩、こしょうで味をととのえる。

4　器に盛り、好みであらびき黒こしょうを振る。

調理時間
10分

炊飯器まかせで簡単に喫茶店の味に

えびとマッシュルームのピラフ風

材料【4人分】
米 ── 2合（360㎖）
むきえび ── 200g
マッシュルーム
　　── 1パック（100g）
玉ねぎ ── 1/2個（100g）
バター ── 10g
塩 ── 小さじ1
こしょう ── 少々

作り方

1　米は洗ってざるに上げ、水けをきって15分ほどおく。

2　えびは背わたをとり、さっと洗う。マッシュルームは5㎜厚さに切り、玉ねぎはみじん切りにする。

3　炊飯器の内釜に米、水360㎖、塩、こしょうを入れて軽くまぜる。残りの材料をのせて普通に炊き、ほぐして器に盛り、好みであらびき黒こしょうを振る。

調理時間
8分

調理時間
5分

包丁なしで作れる具だくさんの一皿
クラムチャウダードリア

材料【2人分】
ごはん —— 茶わん2杯分（300g）
冷凍ブロッコリー（p.94）
　　—— 150g
クラムチャウダー缶…1缶

作り方

1 耐熱容器にごはんを広げ入れる。ブロッコリーを凍ったままのせてラップをかけ、電子レンジで解凍するまで加熱する。

2 ラップをとってクラムチャウダーをかけ、オーブントースターで焼き色がつくまで10分ほど焼く。

味が決まりやすいクラムチャウダー缶
クラムチャウダー缶は味が濃厚で、チーズなしでも簡単に味が決まります。ブロッコリー以外でも、大ぶり野菜で代用可。

調理時間
10分

発酵食品でうまみたっぷり、味つけいらず
納豆キムチチャーハン

材料【2人分】
あたたかいごはん
　　—— どんぶり2杯分（400g）
納豆 —— 1パック（50g）
白菜キムチ —— 80g
ごま油 —— 大さじ1/2

作り方

1 キムチは小さく切る。

2 フライパンにごま油を中火で熱し、納豆、**1**を入れて2分ほどいためる。

3 ごはんを加えてパラリとするまでいため、味をみて足りないようであれば塩少々（分量外）で味をととのえる。

**ごはんがあたたかいと
ほぐれやすくなる**
ごはんをいためるときには、冷やごはんよりあたたかいごはんのほうがベター。ごはんがかたまりにならず、うまくできます。「ナポリタンライス」（p.116）も同様です。

フライパン1つで完成する！

さば缶の
トマトパスタ

材料【2人分】

スパゲッティーニ
　（7〜9分ゆでのもの）── 200g
さば水煮缶── 1缶（200g）
トマト缶（カット）── 1缶（400g）
にんにくのみじん切り── 小さじ1
オリーブ油── 大さじ2
塩── 小さじ1/2

作り方

1 フライパンにオリーブ油、にんにくを入れて中火にかける。香りが立ったら、トマト缶、水300mℓ、さばの缶汁を加える。

2 煮立ったら半分に折ったスパゲッティーニを加えてよくほぐし、ふたをして7分ほど煮る。途中3回ほどまぜる。

3 ふたをとり、塩、さばを加えて軽くほぐしてまぜる。汁けをとばしながらさらに2〜3分煮て、スパゲッティーニをアルデンテにする。

4 器に盛り、好みであらびき黒こしょうを振る。

調理時間
10分

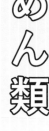

めん類

つるつると食べやすいめん類は疲れた日や夜遅い日の味方。和洋中で楽しめる、簡単レシピをご紹介します。

できたてをすぐ食べるのがおいしい！

カルボナーラ

材料【2人分】

スパゲッティ── 200g
卵── 2個
ベーコン（ブロック）── 100g
粉チーズ── 大さじ3
こしょう── 適量
サラダ油── 小さじ1

作り方

1 ベーコンは5mm角の棒状に切る。

2 フライパンにサラダ油を中火で熱し、ベーコンを入れてカリッとするまでいためる。

3 ボウルに卵を割り入れ、**2**、粉チーズ、多めのこしょうを加えてまぜ合わせる。

4 なべに湯2ℓを沸かして塩20g（分量外）を加え、スパゲッティを袋の表示時間どおりにゆでる。湯をきって**3**に加え、手早くまぜて器に盛り、好みであらびき黒こしょうを振る。

調理時間
8分

熱々のうどんにパッとからめるだけ

かま玉明太うどん

材料【2人分】

冷凍うどん —— 2玉
からし明太子 —— 50g
卵 —— 2個
バター —— 10g
しょうゆ —— 少々
細ねぎの小口切り —— 大さじ2

作り方

1 器に薄皮を除いた明太子、卵、バターを入れる。

2 うどんは電子レンジで袋の表示時間どおりに加熱する。**1**に加えて手早くまぜ、しょうゆをたらして味をととのえ、細ねぎを散らす。

> **チューブタイプの明太子を使えばさらにラク**
> 明太子はチューブタイプのものを使うと、薄皮を除く手間がかからず、より手軽にできます。

調理時間 5分

しょうゆの香ばしさが食欲をそそる

焼きうどん

材料【2人分】

冷凍うどん —— 2玉
豚こまぎれ肉 —— 100g
小松菜 —— 1束(200g)
しょうゆ —— 小さじ2
サラダ油 —— 大さじ1/2

作り方

1 うどんは電子レンジで袋の表示時間どおりに加熱する。小松菜は4cm長さに切る。豚肉は食べやすく切る。

2 フライパンにサラダ油を中火で熱し、豚肉を入れてほぐすようにいためる。肉にほぼ火が通ったらうどんを加え、ほぐしながら1〜2分いためる。

3 小松菜を加えてしんなりするまでいため、しょうゆを加えて全体になじむようにまぜながらいためる。器に盛り、好みで一味とうがらしを振る。

調理時間 8分

にらの香りと豚肉のうまみがやみつきに！

にらあえめん

材料【2人分】
中華生めん —— 2玉
にら —— 1束（100g）
豚こまぎれ肉 —— 100g
A オイスターソース
　　 —— 大さじ1と1/2
　　 しょうゆ —— 小さじ1
　　 水 —— 大さじ4
ごま油 —— 大さじ1/2

作り方

1 にらは小口切り、豚肉は細切りにする。

2 フライパンにごま油を中火で熱し、豚肉を入れてほぐすようにいためる。火がほぼ通ったら**A**を加えてひと煮立ちさせ、にらを加えて火を止める。

3 なべに湯をたっぷり沸かし、めんを袋の表示時間どおりにゆでる。湯をきって**2**に加え、よくあえる。

調理時間
10分

シーフードミックスで簡単アレンジ

塩ラーメンのちゃんぽん風

材料【2人分】
インスタントラーメン
　（塩味）—— 2袋
キャベツ —— 1/6個（150g）
冷凍シーフードミックス —— 150g
ごま油 —— 適量
こしょう —— 適量

作り方

1 キャベツは2cm角に切る。シーフードミックスはざるに入れて水をかけ、表面の氷をとかす。

2 なべに水800ml、キャベツ、ごま油大さじ1を入れて中火にかける。煮立ったらラーメンに付属のスープ、めん、シーフードミックスを加え、途中めんをほぐしながら袋の表示時間どおりに煮る。

3 ごま油少々を加え、こしょうを振る。器に盛り、好みで紅しょうがを添える。

調理時間
8分

酢×豆乳でできる
ゆるふわ台湾風スープ

シェントウジャン

材料【2人分】

豆乳（成分無調整）—— 400㎖

A｜酢（あれば黒酢）
　　—— 大さじ1と1/3
　｜ザーサイのあらいみじん切り
　　—— 大さじ1
　｜しょうゆ —— 小さじ1
　｜鶏ガラスープのもと —— 小さじ1/4

油揚げ —— 1/2枚

細ねぎの小口切り —— 2本分

作り方

1 器にAを入れる。油揚げはフライパンに入れて中火にかけ、両面がカリッとなるまで焼き、食べやすく切る。

2 なべに豆乳を入れ、沸騰直前まであたため、**1**の器に一気に加える。油揚げ、細ねぎをのせる。

調理時間 10分

酢は一定量入れないとふるふるにならない

酢の力で豆乳を半凝固させているので、分量どおりの酢を入れないと固まりません。すっぱい場合は、黒酢を使うと味がまろやかになります。

辛みとすっぱさが絶妙な人気中華スープ

サンラータン

材料【2人分】

ハム —— 2枚

しいたけ —— 2個

もやし —— 1/2袋（100g）

A｜鶏ガラスープのもと
　　—— 大さじ1
　｜ごま油 —— 大さじ1/2
　｜しょうゆ —— 小さじ1
　｜砂糖 —— 小さじ1/2
　｜水 —— 500㎖

B｜かたくり粉 —— 大さじ1と1/2
　｜水 —— 大さじ2〜3

酢 —— 大さじ1と1/2

こしょう —— 少々

ラー油 —— 少々

作り方

1 ハムは細切りに、しいたけは薄切りにする。

2 鍋にAを入れて中火にかけ、煮立ったら**1**、もやしを加えて煮立たせる。

3 まぜ合わせたBを少しずつ加え、全体にとろみがついたら酢、こしょう、ラー油を加えて味をととのえる。

4 器に盛り、好みであらびき黒こしょうを振る。

調理時間 10分

ほどよい酸味でさっぱりと食べやすい

チキンと玉ねぎの
トマトスープ

材料【2人分】

鶏もも肉 ── 100g
玉ねぎ ── 1/2個（100g）
トマト ── 1個（150g）
固形スープ（ブイヨン）── 1個
塩、こしょう ── 各少々
オリーブ油 ── 大さじ1

作り方

1 玉ねぎは薄切り、トマトはくし形、鶏肉は小さめの角切りにする。

2 なべにオリーブ油を入れて中火にかけ、あたたまったら1を加えてさっといためる。水400㎖、固形スープを加え、煮立ったら弱火にして8分ほど煮る。塩、こしょうで味をととのえる。

調理時間
12分

スパイシーで肉と野菜もたっぷりとれる

豚肉とキャベツの
カレースープ

材料【2人分】

豚こまぎれ肉 ── 100g
キャベツ ── 1/5個（200g）
カレー粉 ── 小さじ2
固形スープ（ブイヨン）── 1個
バター ── 10g
塩、こしょう ── 各少々

作り方

1 キャベツは7㎜幅に切る。豚肉は食べやすく切る。

2 なべにバターを中火で熱し、とけてきたら豚肉を入れてさっといためる。キャベツ、水100㎖を加えてふたをし、弱めの中火で5分ほど蒸し煮にする。

3 水400㎖、カレー粉、固形スープを加え、3分ほど煮て塩、こしょうで味をととのえる。

調理時間
12分

きのこのうまみ & 香りで肉なしでも大満足

きのこのデミグラスシチュー

材料【2人分】
しめじ、しいたけ、エリンギ
　　── 計300g
デミグラスソース缶
　　── 1/2缶（150g）
塩、あらびき黒こしょう
　　── 各少々
バター ── 8g

作り方

1 きのこは石づきをとり、食べやすい大きさに切る。

2 フライパンにバターを中火で熱し、とけて泡立ってきたら**1**を加えてからめる。しんなりしたら火を強め、出てきた水分をとばすように少し焼き色がつくまでいためる。

3 デミグラスソース、水70㎖（約1/3カップ）を加え、煮立ったら塩、こしょうで味をととのえる。

> **きのこの種類をかえてもおいしい**
> 数種類のきのこを組み合わせて使うことで、奥行きのある味に仕上がります。まいたけやマッシュルームなどもよく合います。

調理時間
12分

ボリュームたっぷりのほうとう風

ごろごろ鶏肉とかぼちゃのみそ汁

材料【2人分】
鶏もも肉 ── 100g
冷凍かぼちゃ ── 150g
玉ねぎ ── 1/4個（50g）
だし ── 400㎖
みそ ── 大さじ2

作り方

1 玉ねぎは薄切りにする。鶏肉は6等分に切る。

2 なべにだし、**1**を入れて中火にかけ、煮立ったらアクをとり、3分ほど煮る。かぼちゃを凍ったまま加えてさらに2〜3分煮て、みそをとき入れる。

> **冷凍かぼちゃを使うと便利**
> かたくて切りづらいかぼちゃは、冷凍食材を使うとカット不要で凍ったまま加えられるので、手間を大幅に省けます。

調理時間
8分

かにかま & えのきの
うまみあんがとろり

とうふのかにかま きのこあんかけ

材料【2人分】
木綿どうふ ── 1丁（300g）
かに風味かまぼこ ── 4本（40g）
えのきだけ ── 1/2袋（50g）
めんつゆ（市販/3倍濃縮）、
　　しょうゆ ── 各大さじ1
塩 ── 少々
A｜かたくり粉 ── 大さじ1弱
　｜水 ── 大さじ2
細ねぎの小口切り ── 1本分
※手作りのめんつゆ（合わせ調味料）は、
p.112参照

作り方

1 えのきは長さを半分に切る。か
　にかまはほぐす。

2 なべにえのき、水200mℓを入れ
　て中火にかけ、煮立ったらめん

つゆ、しょうゆ、かにかまを加え
て塩で味をととのえる。まぜ合
わせたAを少しずつ加え、とろ
みをつける。

3 とうふは耐熱容器に入れ、電
　子レンジであたたかくなるまで
　加熱する。水けをきり、2をか
　けて細ねぎを散らす。

調理時間
8分

栄養のバランスよく肉も野菜も入れて

具だくさん湯どうふ

材料【2人分】
とうふ（絹ごしまたは木綿）
　── 1丁（300〜350g）
豚薄切り肉 ── 100g
ほうれんそう ── 1/2束（100g）

作り方

1 とうふは食べやすく切る。ほう
　れんそうは長さを半分に切る。

2 なべにとうふを入れ、かぶるく
　らいの水を加えて弱めの中火
　にかける。沸騰したら弱火にし
　て豚肉を加え、火がほぼ通っ
　たらほうれんそうを加える。な
　べごと食卓に出し、好みのたれ
　（ポン酢しょうゆ、削り節としょ
　うゆなど/分量外）につけて食
　べる。

調理時間
8分

香ばしさともっちり食感がクセになる

にんじんとねぎのチヂミ

材料【2人分】
にんじん ── 2/3本（100g）
細ねぎ ── 4本
卵 ── 1個
小麦粉 ── 80g
塩 ── 小さじ1/4
ごま油 ── 大さじ1と1/2

作り方

1 にんじんは斜め薄切りにしてから細切りにする。細ねぎは3cm長さに切る。

2 ボウルに卵を割りほぐし、**1**、水大さじ4、小麦粉、塩を加えて粉がなくなるまでまぜる。

3 フライパンにごま油を引いて中火にかけ、あたたまったら**2**を流し入れ、両面3〜4分ずつこんがりと焼く。食べやすい大きさに切って器に盛り、好みでポン酢しょうゆ、コチュジャンなどをつけて食べる。

調理時間
15分

さんしょうの風味がアクセントに

しらたきと豚こまのさんしょう煮

材料【2人分】
しらたき ── 180g
豚こまぎれ肉 ── 60g
めんつゆ（市販/3倍濃縮）── 大さじ2
サラダ油 ── 小さじ1
粉ざんしょう ── 適量
※手作りのめんつゆ（合わせ調味料）は、p.112 参照

**いり煮で汁を
しっかりとばせば保存も**
しらたきから水分が出るので、いり煮にして汁けをよくとばせば保存してもおいしく食べられます。保存容器に入れて冷蔵で2〜3日保存可能。

作り方

1 しらたきは3分ほどゆでてアクを抜き、湯をきって食べやすい長さに切る。

2 なべにサラダ油を中火で熱し、豚肉を入れて色が変わるまでいためる。しらたきを加えて2分ほどいため、火を弱めてめんつゆを加え、汁けがなくなるまでいり煮にする。器に盛り、粉ざんしょうを振る。

調理時間
10分

■ サンチュ
サムギョプサル ……………………………… 33
■ じゃがいも
おろしじゃがいものスープ ………………… 60
皮つきポテトのレンジ蒸し ………………… 62
サーモンポテトグラタン …………………… 45
ジャーマンポテト …………………………… 63
じゃがいものサブジ風 ……………………… 61
鶏肉とじゃがいものアーリオオーリオ …… 18
バジルポテサラ ……………………………… 62
ポテトのたらこマヨ ………………………… 63
■ 春菊
トマトすき焼き ……………………………… 40
■ ズッキーニ
鮭とズッキーニのソテー …………………… 47
豚肉のイタリアンソテー …………………… 33
■ セロリ
ゆでいかとセロリのすし酢あえ …………… 53
■ 大根
韓国風ぶり大根 ……………………………… 51
大根とほたてのゆずこしょうドレッシング … 96
大根の梅しそオイルあえ …………………… 99
大根のカクテキ風 …………………………… 99
大根の塩もみ ………………………………… 98
大根のそぼろ煮 ……………………………… 97
■ 玉ねぎ
えびといかのドレッシング煮 ……………… 55
ガパオライス ………………………………… 27
かぼちゃのクイックポタージュ …………… 89
カリカリ厚揚げの玉ねぎだれあえ ………… 71
スピード酢豚 ………………………………… 38
玉ねぎステーキ バターポン酢 …………… 68
玉ねぎとベーコンのスープ煮 ……………… 69
玉ねぎのドレッシングマリネ ……………… 70
チキンと玉ねぎのトマトスープ ………… 122
ハムとアボカドのフレッシュオニオンソース … 71
豚丼 …………………………………………… 31
豚ひき肉となすのカレー …………………… 35
蒸しサーモンの冷製サラダ ………………… 47
■ トマト・ミニトマト
ソパ・デ・アホ ……………………………… 75
チキンと玉ねぎのトマトスープ ………… 122
トマトサルサの冷ややっこ ………………… 73
トマトすき焼き ……………………………… 40
トマトとレタスの中華風いため …………… 75
トマトとわかめのナムル …………………… 72
豚肉のイタリアンソテー …………………… 33
冷凍塩トマト ………………………………… 74
■ 長いも
さばと長いものガーリックオイル焼き …… 48
■ なす
なすとみょうがのおかかあえ ……………… 77
なすのギリシャ風マリネ …………………… 79
なすの四川風 ………………………………… 79
なすのめんつゆ煮 …………………………… 76
なすのレンジ蒸し …………………………… 78
豚ひき肉となすのカレー …………………… 35
■ にら
鶏ひき肉とにんじんのチャプチェ ………… 26
にらあえめん ……………………………… 120
■ にんじん
キャロットラペ ……………………………… 66
コールスロー ………………………………… 87

鶏ひき肉とにんじんのチャプチェ ………… 26
にんじんのオイル蒸し焼き ………………… 64
にんじんと刻みナッツの白あえ …………… 67
にんじんの粒マスタードいため …………… 65
にんじんとねぎのチヂミ ………………… 125
にんじんとフルーツのマリネサラダ ……… 67
■ ねぎ・細ねぎ
クイック牛丼 ……………………………… 114
にんじんとねぎのチヂミ ………………… 125
■ 白菜
白菜とじゃこのみそマヨサラダ ………… 100
白菜と豚バラの重ね煮 …………………… 101
白菜の塩もみ ……………………………… 102
白菜のミルクスープ ……………………… 103
ラーパーツァイ …………………………… 103
■ パプリカ
ガパオライス ………………………………… 27
たこのスペイン風 …………………………… 56
鶏肉のカレー南蛮漬け ……………………… 22
パプリカとひじきのきんぴら …………… 104
パプリカと豚肉のさっぱりいため ……… 105
パプリカのピクルス ……………………… 105
■ ピーマン
トマトサルサの冷ややっこ ………………… 73
ナポリタンライス ………………………… 116
ぶりとピーマンのオイスターソースいため … 50
プルコギ ……………………………………… 41
■ ブロッコリー
えびとブロッコリーの塩オイルいため …… 55
クラムチャウダードリア ………………… 117
鶏肉のクリームコーン煮 …………………… 19
ブロッコリーとアボカドのいため物 ……… 92
ブロッコリーとアンチョビーのスクランブルエッグ … 95
ブロッコリーのくたくたスープ煮 ………… 93
ブロッコリーのリゾット …………………… 95
冷凍ブロッコリー …………………………… 94
■ ほうれんそう
具だくさん湯どうふ ……………………… 124
■ みょうが
なすとみょうがのおかかあえ ……………… 77
■ もやし・豆もやし
サンラータン ……………………………… 121
豚キムチ ……………………………………… 30
もやしとひき肉のとろみいため ………… 108
もやしのすし酢漬け ……………………… 109
もやしの生春巻き ………………………… 109
■ レタス
ささ身とレタスの中華あんかけごはん … 115
トマトとレタスの中華風いため …………… 75
■ れんこん
鮭のレンジ紙包み蒸し ……………………… 44

果物

鮭のレモンオイル漬け ……………………… 46
にんじんとフルーツのマリネサラダ ……… 67
ハムとアボカドのフレッシュオニオンソース … 71
ブロッコリーとアボカドのいため物 ……… 92
まぐろとアボカドのわさび風味 …………… 57

ナッツ類

にんじんと刻みナッツの白あえ …………… 67

乾物・缶詰・こんにゃく・漬け物

■ 乾物
トマトとわかめのナムル …………………… 72
パプリカとひじきのきんぴら …………… 104
■ 缶詰
クラムチャウダードリア ………………… 117
ごちそうミートソースペンネ ……………… 42
小松菜の煮びたし …………………………… 83
きのこのデミグラスシチュー …………… 123
さば缶のトマトパスタ …………………… 118
大根とほたてのゆずこしょうドレッシング … 96
鶏肉のクリームコーン煮 …………………… 19
ヨーグルトチキンと豆のサラダ …………… 25
■ こんにゃく・しらたき・はるさめ
しらたきと豚こまのさんしょう煮 ……… 125
鶏ひき肉とにんじんのチャプチェ ………… 26
■ 漬け物
きゅうりとザーサイのあえ物 …………… 107
小松菜とザーサイのいため物 ……………… 81
大根の梅しそオイルあえ …………………… 99
納豆キムチチャーハン …………………… 117
豚キムチ ……………………………………… 30

ごはん・もち・めん・パスタ・パン・そのほか

■ ごはん・もち
えびとマッシュルームのピラフ風 ……… 116
ガパオライス ………………………………… 27
クイック牛丼 ……………………………… 114
クラムチャウダードリア ………………… 117
ささ身とレタスの中華あんかけごはん … 115
シンガポールライス ………………………… 23
たいのごましょうゆ茶漬け ………………… 57
卵ととうふのふわふわ丼 ………………… 114
納豆キムチチャーハン …………………… 117
ナポリタンライス ………………………… 116
なめこ雑炊 ………………………………… 115
豚丼 …………………………………………… 31
豚ひき肉となすのカレー …………………… 35
ブロッコリーのリゾット …………………… 95
■ めん・パスタ
かま玉明太うどん ………………………… 119
カルボナーラ ……………………………… 118
ごちそうミートソースペンネ ……………… 42
さば缶のトマトパスタ …………………… 118
塩ラーメンのちゃんぽん風 ……………… 120
担担めん ……………………………………… 37
にらあえめん ……………………………… 120
焼きうどん ………………………………… 119
■ そのほか
もやしの生春巻き ………………………… 109
ワンタンスープ ……………………………… 29

肉・肉加工品

■ 鶏肉
ごろごろ鶏肉とかぼちゃのみそ汁 ・・・・・・ 123
ささ身とレタスの中華あんかけごはん ・・・・・・ 115
シンガポールライス ・・・・・・ 23
タンドリーチキン ・・・・・・ 25
チキンと玉ねぎのトマトスープ ・・・・・・ 122
鶏肉とじゃがいものアーリオオーリオ ・・・・・・ 18
鶏肉のカレー南蛮漬け ・・・・・・ 22
鶏肉のクリームコーン煮 ・・・・・・ 19
鶏肉のはちみつみそグリル ・・・・・・ 21
鶏肉のみそ蒸し ・・・・・・ 21
鶏むね肉の塩ヨーグルトマリネ ・・・・・・ 24
鶏もも肉のはちみつみそ漬け ・・・・・・ 20
ヨーグルトチキンと豆のサラダ ・・・・・・ 25

■ 豚肉
具だくさん湯どうふ ・・・・・・ 124
サムギョプサル ・・・・・・ 33
しらたきと豚こまのさんしょう煮 ・・・・・・ 125
スピード酢豚 ・・・・・・ 38
にらあえめん ・・・・・・ 120
白菜と豚バラの重ね煮 ・・・・・・ 101
パプリカと豚こまのさっぱりいため ・・・・・・ 105
豚厚切り肉のハニーマスタード漬け ・・・・・・ 39
豚薄切り肉の塩にんにくマリネ ・・・・・・ 32
豚キムチ ・・・・・・ 30
豚丼 ・・・・・・ 31
豚肉ときのこのクリーム煮 ・・・・・・ 39
豚肉とキャベツのカレースープ ・・・・・・ 122
豚肉のイタリアンソテー ・・・・・・ 33
焼きうどん ・・・・・・ 119

■ 牛肉
牛こまぎれ肉の焼き肉だれ漬け ・・・・・・ 41
クイック牛丼 ・・・・・・ 114
トマトすき焼き ・・・・・・ 40
プルコギ ・・・・・・ 41

■ ひき肉
合いびき肉だね ・・・・・・ 43
油揚げの肉みそピザ ・・・・・・ 37
ガパオライス ・・・・・・ 27
クイックナゲット ・・・・・・ 29
ごちそうミートソースペンネ ・・・・・・ 42
スパイシーソーセージ ・・・・・・ 34
大根のそぼろ煮 ・・・・・・ 97
担担めん ・・・・・・ 37
鶏ひき肉だね ・・・・・・ 28
豚ひき肉となすのカレー ・・・・・・ 35
鶏ひき肉とにんじんのチャプチェ ・・・・・・ 26
豚ひきの肉みそ ・・・・・・ 36
巻かないロールキャベツ ・・・・・・ 43
もやしとひき肉のとろみいため ・・・・・・ 108
ワンタンスープ ・・・・・・ 29

■ 肉加工品
カルボナーラ ・・・・・・ 118
キャベツとソーセージのクイックシュークルート ・・・・・・ 87
小松菜とベーコンのホットサラダ ・・・・・・ 80
サンラータン ・・・・・・ 121
しいたけのベーコンパン粉焼き ・・・・・・ 110
ジャーマンポテト ・・・・・・ 63
玉ねぎとベーコンのスープ煮 ・・・・・・ 69
ナポリタンライス ・・・・・・ 116
ハムとアボカドのフレッシュオニオンソース ・・・・・・ 71

もやしの生春巻き ・・・・・・ 109

魚介・魚介加工品

■ 魚
あじのたたき ・・・・・・ 57
韓国風ぶり大根 ・・・・・・ 51
サーモンの洋風漬け ・・・・・・ 56
サーモンポテトグラタン ・・・・・・ 45
鮭とズッキーニのソテー ・・・・・・ 47
鮭のレモンオイル漬け ・・・・・・ 46
鮭のレンジ紙包み蒸し ・・・・・・ 44
さばと長いものガーリックオイル焼き ・・・・・・ 48
さばのごまみそ煮 ・・・・・・ 49
さばのみそ漬け ・・・・・・ 49
たいのごましょうゆ茶漬け ・・・・・・ 57
ぶりとピーマンのオイスターソースいため ・・・・・・ 50
ぶりの韓国風みそだれ漬け ・・・・・・ 51
まぐろとアボカドのわさび風味 ・・・・・・ 57
蒸しサーモンの冷製サラダ ・・・・・・ 47

■ えび・いか・たこ・貝
えび・いかの塩オイル漬け ・・・・・・ 54
えびチリ ・・・・・・ 52
えびといかのドレッシング煮 ・・・・・・ 55
えびとブロッコリーの塩オイルいため ・・・・・・ 55
えびとマッシュルームのピラフ風 ・・・・・・ 116
キャベツとあさりのさっと煮 ・・・・・・ 84
塩ラーメンのちゃんぽん風 ・・・・・・ 120
たこのスペイン風 ・・・・・・ 56
ゆでいかとセロリのすし酢あえ ・・・・・・ 53

■ 魚介加工品
かま玉明太うどん ・・・・・・ 119
とうふのかにかまぎのこあんかけ ・・・・・・ 124
白菜とじゃこのみそマヨサラダ ・・・・・・ 100
ブロッコリーとアンチョビーのスクランブルエッグ ・・・・・・ 95
ポテトのたらこマヨ ・・・・・・ 63

卵・とうふ・大豆製品

■ 卵
かま玉明太うどん ・・・・・・ 119
カルボナーラ ・・・・・・ 118
サーモンポテトグラタン ・・・・・・ 45
ソパ・デ・アホ ・・・・・・ 75
卵ととうふのふわふわ丼 ・・・・・・ 114
ブロッコリーとアンチョビーのスクランブルエッグ ・・・・・・ 95

■ とうふ
具だくさん湯どうふ ・・・・・・ 124
卵ととうふのふわふわ丼 ・・・・・・ 114
とうふのかにかまきのこあんかけ ・・・・・・ 124
トマトサルサの冷ややっこ ・・・・・・ 73
トマトすき焼き ・・・・・・ 40
にんじんと刻みナッツの白あえ ・・・・・・ 67

■ 大豆製品
油揚げの肉みそピザ ・・・・・・ 35
カリカリ厚揚げの玉ねぎだれあえ ・・・・・・ 71
きのこ納豆 ・・・・・・ 109
シェントウジャン ・・・・・・ 121
納豆キムチチャーハン ・・・・・・ 117

乳製品

■ 牛乳
おろしじゃがいものスープ ・・・・・・ 60
かぼちゃのクイックポタージュ ・・・・・・ 89
鶏肉のクリームコーン煮 ・・・・・・ 19
白菜のミルクスープ ・・・・・・ 103
ブロッコリーのリゾット ・・・・・・ 95

■ チーズ
油揚げの肉みそピザ ・・・・・・ 37
ブロッコリーのリゾット ・・・・・・ 95

■ ヨーグルト
鶏むね肉の塩ヨーグルトマリネ ・・・・・・ 24

■ 生クリーム
豚肉ときのこのクリーム煮 ・・・・・・ 39

野菜

■ 青じそ
大根の梅しそオイルあえ ・・・・・・ 99
もやしの生春巻き ・・・・・・ 109

■ かぼちゃ
かぼちゃのカレーマヨネーズサラダ ・・・・・・ 91
かぼちゃのクイックポタージュ ・・・・・・ 89
かぼちゃのピザ焼き ・・・・・・ 91
ごろごろ鶏肉とかぼちゃのみそ汁 ・・・・・・ 123
バターしょうゆかぼちゃ ・・・・・・ 88
レンジ蒸しかぼちゃのマッシュ ・・・・・・ 90

■ きのこ
えびとマッシュルームのピラフ風 ・・・・・・ 116
きのこ納豆 ・・・・・・ 111
きのこのデミグラスシチュー ・・・・・・ 123
きのこのめんつゆ漬け ・・・・・・ 111
サンラータン ・・・・・・ 121
しいたけのベーコンパン粉焼き ・・・・・・ 110
とうふのかにかまきのこあんかけ ・・・・・・ 124
なめこ雑炊 ・・・・・・ 115
豚肉ときのこのクリーム煮 ・・・・・・ 39
プルコギ ・・・・・・ 41

■ キャベツ
キャベツとあさりのさっと煮 ・・・・・・ 84
キャベツとソーセージのクイックシュークルート ・・・・・・ 87
キャベツの塩もみ ・・・・・・ 86
コールスロー ・・・・・・ 87
塩ラーメンのちゃんぽん風 ・・・・・・ 120
せん切りキャベツのごまかつおだれ ・・・・・・ 85
豚肉とキャベツのカレースープ ・・・・・・ 122
巻かないロールキャベツ ・・・・・・ 43

■ きゅうり
きゅうりとザーサイのあえ物 ・・・・・・ 107
きゅうりの塩もみ ・・・・・・ 107
シンガポールライス ・・・・・・ 23
たこのスペイン風 ・・・・・・ 56
たたききゅうりのピリ辛ごまだれ ・・・・・・ 106

■ 小松菜
小松菜とザーサイのいため物 ・・・・・・ 81
小松菜とベーコンのホットサラダ ・・・・・・ 80
小松菜の中華風スープ ・・・・・・ 83
小松菜の煮びたし ・・・・・・ 83
担担めん ・・・・・・ 37
焼きうどん ・・・・・・ 119
冷凍小松菜 ・・・・・・ 82

著者　**上田淳子**（うえだ・じゅんこ）

料理研究家。大学卒業後、辻学園調理技術専門学校に入学。卒業後、スイスやフランス・パリのレストランなどで修業を積む。帰国後は東京でシェフパティシエを経て、料理研究家として独立。フレンチの確かな技術をもとに家庭で作りやすいレシピには定評があり、雑誌や書籍、テレビなどで活躍。『今あるフライパンで最高の味 NEW ONE PAN RECIPES』（主婦の友社）、『フランス人は、3つの調理法で野菜を食べる。』（誠文堂新光社）、『ほったらかしでおいしい！オーブンで焼くだけレシピ』（Gakken）など著書多数。
Instagram @ju.cook

Staff

ブックデザイン	釜内由紀江、清水 桂（GRiD）
撮影	寺岡みゆき　鈴木江実子　松木 潤、佐山裕子（主婦の友社）
スタイリング	八木佳奈
マンガ・イラスト	すぎやまえみこ
校正	荒川照実
調理アシスタント	高橋ひさこ
DTP	伊大知桂子（主婦の友社）
編集	秋山香織
編集担当	松本可絵（主婦の友社）

作って仕込んでパパッと完了！
ずっとラクするごはんのしくみ

2024年5月31日　第1刷発行

著　者　上田淳子
発行者　平野健一
発行所　株式会社主婦の友社
　　　　〒141-0021
　　　　東京都品川区上大崎3-1-1 目黒セントラルスクエア
　　　　電話03-5280-7537（内容・不良品等のお問い合わせ）
　　　　　　　049-259-1236（販売）
印刷所　大日本印刷株式会社

© Junko Ueda 2024　Printed in Japan
ISBN978-4-07-459543-3

■ 本のご注文は、お近くの書店または主婦の友社コールセンター（電話0120-916-892）まで。
＊お問い合わせ受付時間　月〜金（祝日を除く）10:00〜16:00
＊個人のお客さまからのよくある質問のご案内 https://shufunotomo.co.jp/faq/

■ 本書は『共働きごはん』（主婦の友社・2014年刊）に新規内容を加え、再編集したものです。